Ernst Modersohn

Im Banne des Teufels

Ein Wort der Information, Aufklärung und Warnung

Verlag der
Francke-Buchhandlung GmbH
Marburg an der Lahn

Dieses Buch ist eine Veröffentlichung der TELOS-Verlagsgruppe. TELOS-Taschenbücher und TELOS-Paperback-Ausgaben sind »zielbewußt«, wegweisend und biblisch orientiert.
TELOS-Bücher können Sie unbedenklich weitergeben, sie wurden verantwortlich ausgewählt.

ISBN 3 920345 54 1

355 Marburg (Lahn)
Umschlagentwurf: Friedrich Haarhaus
Gesamtherstellung: St.-Johannis-Druckerei C. Schweickhardt
763 Lahr-Dinglingen
Printed in Germany 13855/1975

Inhalt

Vorwort zur 12. deutschen Auflage

Vom Kampf des Himmels mit dem Fürsten dieser Welt um den Menschen handelt dieses Buch. Von den großen Gefahren, die dem Menschen drohen durch die Macht des Teufels, wird an Hand von vielen praktischen Beispielen aus dem Leben berichtet.

Ist dieses Thema in unserer »aufgeklärten« Welt heute noch aktuell, in der man das Dasein des Teufels – und Gottes – weithin leugnet und lächelnd als altes Ammenmärchen abtut? Andererseits ist heute deutlicher denn je ein dämonisches Gefälle unter uns spürbar, das wieder laut die Frage nach den dunklen Hintergründen des Lebens stellt. »Der Mensch wird vom Teufel geritten«, wie Luther es treffend gesagt hat, und die Folgen sind schrecklich.

In diesem Zusammenhang sei erinnert an den Film »Der Exorzist«, die Fernsehfolge »PSI – Berichte über Unerklärliches –« und an viele neue Bücher in jüngster Zeit, die sich mit dem Phänomen des Übersinnlichen befassen. Das Echo in der Welt ist außergewöhnlich und unüberhörbar. Es bleibt wahr, was der Apostel Paulus Epheser 6, 12 sagt: »Wir haben nicht nur mit Fleisch und Blut zu kämpfen . . .«

Ernst Modersohn war langbewährter und tieferfahrener Seelsorger in diesem Kampf. Er hat sein Buch aus einer großen seelsorgerlichen Erfahrung und Verantwortung heraus geschrieben, mit letztem Ernst und hilfreichem Durchblick durch die Verschleierung der Dämonie.

Das Buch hat eine weite Verbreitung im In- und Ausland gefunden. Kurz vor seinem Heimgang 1948 hat der Verfasser es noch einmal überarbeitet. Seit längeren Jahren aber war es dann bald vergriffen.

Wenn wir es nun neu überarbeitet herausgeben, so geschieht es auf vielfachen Wunsch und in der tiefen Überzeugung, daß es gerade heute wieder hochaktuell ist und mit Gottes Hilfe vielen Wegweisung, Klarheit und Rettung durch Jesus Christus bringen wird.

Marburg an der Lahn, Herbst 1975

Gerhard Kuhlmann

Vorwort zur 1. und 2. Auflage

Mit dieser Schrift beabsichtige ich keine wissenschaftliche Untersuchung über das dunkle Gebiet des Okkultismus zu bieten. Ich möchte einen seelsorgerlichen Dienst tun. Und zwar zunächst denen, die durch Zaubereisünden in den Bann des Teufels geraten sind und nicht wissen, wie sie frei werden können. Ich möchte ihnen gerne helfen und raten und den Weg zeigen, der sie zur Freiheit führt. Sodann möchte ich auch denen dienen, die sich im Banne des Aberglaubens befinden und es gar nicht wissen, daß sie darin sind. Ihnen möchte ich Aufklärung geben und zeigen, wie gefährlich und folgenschwer die Beschäftigung mit Kartenlegen, Astrologie, Wahrsagen und Besprechen, mit Spiritismus, Hypnotismus und Magnetopathie ist, um auch in ihnen das Verlangen zu wecken, frei zu werden von der Macht der Finsternis. Und in dritter Linie möchte ich denen dienen, die berufen sind, das Wort Gottes zu verkündigen und Seelsorge zu treiben. Es wird viel zu selten über diese sehr verbreiteten Zaubereisünden gesprochen. Hier liegt aber der Grund, warum so viele nicht zum Glauben und zum Frieden gelangen können.

Ich habe den Weg gewählt, möglichst nur Zeugen sprechen zu lassen, die aus eigener Erfahrung berichten können. Solche Zeugnisse wirken gewöhnlich mehr als alle Lehrsätze.

Schon während ich diese Sätze in meinem Wochenblatt »Heilig dem Herrn« veröffentlichte, bekam ich viele Zuschriften, in denen mir mitgeteilt wurde: Jetzt habe ich erkannt, woher es bei mir kommt, daß ich nicht vorwärts kam im inneren Leben. Möchte dazu auch dies Buch gesegnet sein, damit in dies dunkle Gebiet etwas Licht gebracht wird, daß Menschen ihre Gebundenheit erkennen und eingehen in die herrliche Freiheit der Kinder Gottes!

Bad Blankenburg, Thür. Wald, im Sommer 1924.

Ernst Modersohn

Wie ich dazu kam,

diese Erfahrungen zu machen, die ich hier niedergeschrieben habe? Das muß ich zuerst erzählen.

Wenn ich vor Jahren den inzwischen heimgegangenen Elias Schrenk in seinen Evangelisationsversammlungen öfter von Zaubereisünden reden hörte, und daß man sogar den Namen Gottes dabei mißbrauche, dann dachte ich bei mir: Warum spricht er nur so oft davon? Das kommt doch kaum mehr vor! Wer wird denn noch an so etwas glauben? In unserer aufgeklärten Zeit ist dieser Aberglaube doch ein überwundener Standpunkt!

Aber allmählich bekam ich auch Erfahrung in der Seelsorge. Der reisende Evangelist hat ja mehr Gelegenheit zum Seelsorgedienst als der Gemeindepfarrer. Es kamen Leute zu mir, die über Lästergedanken klagten, von denen sie gequält würden. Sie hätten mit Gedanken zu tun, von denen sie bestimmt wüßten, daß sie dieselben nicht gewollt und gedacht hätten. Es wäre geradeso, als ob da eine Macht wäre, die sie zwänge, diese Gedanken zu formulieren. Und diese Gedanken der Lästerung gegen Gott, namentlich gegen den Heiligen Geist, kämen ganz besonders dann, wenn sie beten wollten oder in der Bibel lesen oder auch, wenn sie in die Versammlung gingen.

Als ich nachfragte, erfuhr ich, daß man sie in der Jugend oder in der Kindheit »besprochen« hatte. Das war offenbar dasselbe, wovon ich den alten Schrenk so oft hatte reden hören, aber ich sah darin ein zufälliges Zusammentreffen, daß die Leute, die von Lästergedanken gequält wurden, auch »besprochen« worden waren.

Ich machte diese Erfahrung öfter. Das fiel mir endlich auf und ich merkte, daß hier ein innerer Zusammenhang bestehe. Schließlich wurde es mir zur Gewißheit: »Besprechen« zieht Lästergedanken nach sich. Das wurde mir zu einer solchen Gewißheit, daß ich beim Bekennen von Lästergedanken nicht mehr fragte: »Sind Sie mal besprochen worden?«, sondern daß ich es mit völliger Sicherheit den Leuten auf den Kopf zusagte. Meistens hieß es dann erschreckt und überrascht: »Woher wissen Sie das?« Und ich antwortete dann, daß ich es gelernt habe aus der Seelsorge, daß Lästergedanken immer eine Folge von der Zaubereisünde des »Besprechens« seien.

Zuweilen aber stellte man es auch in Abrede: »Davon weiß ich nichts!« Dann sagte ich: »Fragen Sie nur mal Ihre Mutter, ob Sie nicht in der Kindheit ›besprochen‹ worden sind!« Und fast immer war das Ergebnis: »Ja, das ›Besprechen‹ ist geschehen!«

In einigen Fällen ließ es sich nicht mehr feststellen, weil die Mutter nicht mehr lebte. Oder sie erklärten mir mit Bestimmtheit, das sei nicht geschehen. Aber ich habe diesen Zusammenhang in so vielen Fällen festgestellt, daß ich davon überzeugt bin, daß er doch besteht, wenn er auch nicht nachzuweisen ist. War es nicht die Mutter, dann war es vielleicht die Hebamme, die diese Sünde an dem Kinde beging, um ihm zu helfen aus irgendeiner Not. In Thüringen kenne ich ein Dorf, in dem die Hebamme seit Jahrzehnten jedes Neugeborene »besprochen« hat.

Im Laufe der Zeit kam zu dieser ersten Erfahrung eine zweite hinzu. Ich sprach mit Menschen, die zum Frieden kommen wollten. Ich zeigte ihnen das Heil und leitete sie an, es im Glauben zu ergreifen. Aber – alles Bemühen und alles Beten war umsonst. Sie kamen nicht zum Glauben.

Es war, als ob da eine Macht wäre, die einen Durchbruch verhindere. Ich forschte der Sache nach, und ich machte die Feststellung, daß »Sympathie« getrieben worden war. Diese Entdeckung machte ich immer wieder, und zwar so oft, daß es mir endlich zu einer unumstößlichen Gewißheit wurde: Wer sich hat besprechen lassen, der hat es schwer, zum Glauben zu kommen. Das Besprechen ist ein Hindernis zur Bekehrung.

Manch einer hat eine Art von Bekehrung erlebt und kommt doch nicht zum rechten Frieden. Immer wieder wird es ihm fraglich: »Ob ich auch wirklich angenommen bin? Ob der Herr mir wirklich meine Sünden vergeben hat?« Es ist gerade, als ob da jemand wäre, der ihm einflüstert: »Bilde dir doch nichts ein! Du bist doch nicht bekehrt! Du gehst ja doch verloren! Gib dir gar keine Mühe! Es nutzt ja alles nichts.«

Dann machte ich die Wahrnehmung, daß dieselben Erscheinungen eintraten, wenn Leute sich von Kartenlegern und Wahrsagern oder Wahrsagerinnen hatten die Zukunft vorhersagen lassen, und zwar ganz gleich, ob sie daran geglaubt hatten oder nicht. Selbst wenn sie »aus Ulk« hingegangen waren, das Ergebnis war dasselbe. Ich vergesse nie, wie einmal bei einem Bibelkurs ein junger Pfarrer zu mir kam, der sich gern bekehren wollte. Es war ihm ganzer Ernst damit, weil er an seinen Eltern das Vorbild gläubiger Christen gehabt hatte, und weil er wußte, daß er es nötig habe, um seiner selbst willen. Ich zeigte ihm den Weg, ich sprach und betete mit ihm – aber es haftete nicht. Wir wiederholten unsre Aussprache. Es war umsonst. Ich kam nicht zum Ziel. Ich bat einen erfahrenen Bruder um Hilfe, der auch an dem Kurs teilnahm. Auch der kam nicht zum Ziele mit ihm. Als wir einen dritten Bruder zuzogen, war es dasselbe Bild. Endlich fragte ich ihn, ob er sich mal habe besprechen lassen. Nein, niemals, seine Eltern seien gläubig gewesen, sie hätten so etwas nie geduldet. Ob er sich denn mit Wahrsagerei abgegeben habe. Ja, lachte er, als Student sei er aus Ulk einmal zu einer Kartenlegerin gegangen und habe sich die Zukunft vorhersagen lassen. Ich sagte: »Hier haben wir den Grund, weshalb Sie nicht zum Glauben an Christus durchdringen können. Sie stehen unter der Beeinflussung finsterer Mächte, und zwar um dieser Sache willen.« Er lachte und sagte, es sei ja ganz ausgeschlossen, daß das der Grund sein könne. Er ließ sich auch nicht belehren. Er nahm, als der Kurs zu Ende war, sein zerrissenes Herz wieder mit nach Hause.

Seitdem ich diese Erfahrung so oft gemacht habe, fing ich dann auch an, darüber in meinen Evangelisationsvorträgen zu reden. Gerade wie der alte Schrenk früher davon gesprochen hatte, so mußte ich es nun auch tun. Und die Folge war, daß sich meine Sprechstunden immer mehr mit Leuten füllten, die mir klagten, daß sie auch durch solche Sünden unter einen Druck geraten seien.

Je mehr aber die Erfahrungen sich häuften, um so mehr fühlte ich mich genötigt, in meinem Blatt, »Heilig dem Herrn«, davon zu schreiben. Und wieder war die Folge ein Strom von Bekenntnissen auf diesem Gebiete. Jetzt vergeht kaum ein Tag, an dem ich nicht mündlich oder schriftlich mit dieser Sache zu tun habe.

So weiß ich es aus viel Seelsorgediensten heraus, was für eine ungeheure Macht diese Zaubereisünde in unserm Volk ausübt, wie viele Menschen unter dem Druck dieser Sünde stehen, wie viele im Banne des Teufels leben.

Ich wundere mich oft, daß nicht alle Seelsorger davon reden, daß nicht mehr in Vorträgen und Schriften davon gesprochen wird. Ganze Gegenden stehen unter dem Bann, wo das Besprechen geradezu eine Volksmedizin geworden ist. Wenn man Warzen los sein möchte, wenn man krank ist, dann geht man nicht zum Arzt, sondern zu einem Mann, der »dafür etwas tun kann«, oder zu einer Frau, die die Krankheit »besprechen« kann, die dagegen »braucht«. Und siehe da, es hilft. Also ist man überzeugt, daß es etwas Gutes gewesen ist. Und wenn noch obendrein der Name des dreieinigen Gottes dabei gebraucht worden ist, dann ist es doch ganz gewiß etwas Gutes und Frommes!

Das sagen nicht nur jene, die sich haben besprechen lassen, das sagen auch solche, die selber als Besprecher und Beschwörer auftreten. Sie sagen geradezu, es sei ein von den Aposteln überkommenes biblisches Heilmittel. Und wer das für Zauberei und für Sünde erkläre, der müsse dafür Buße tun. – Aber ich halte dieses Besprechen mit vollem Bewußtsein für Sünde, und zwar für eine schwere Sünde, für die Sünde der Zauberei, die vom Himmel ausschließt, wenn dafür nicht Buße geschieht, herzliche, schmerzliche Buße. Es ist ein Meisterwerk des Teufels, diese Sünde als etwas Harmloses, ja sogar als etwas Frommes und Biblisches hinzustellen, während es doch eine Sünde ist, die das Wort Gottes mit den schwersten Strafen belegt.

So empfinde ich eine innere Nötigung, meine Erfahrungen und Beobachtungen auf diesem Gebiet mitzuteilen, um damit andern einen Dienst zu leisten. Viele haben es noch gar nicht als Sünde erkannt, sie ahnen gar nicht, woher die merkwürdigen Zustände ihres inneren Lebens kommen, warum sie nicht zum Frieden und zur Freude kommen können. Denen möchte ich zeigen: Hier liegt der Grund! Solange dafür keine Buße geschieht, solange man das nicht als Sünde erkennt, gibt's auch keine Befreiung von diesem Bann des Teufels.

Ich möchte aber auch denen einen Dienst leisten, die berufen sind, Seelsorge zu treiben. Wie wenige wissen, was für Mächte des Verderbens hier auf dem Plane sind. Sie reden nie davon, sie fragen nie danach, darum denken viele auch gar nicht daran, daß von hierher der Druck und Bann stammen könne, unter dem mancher leidet.

Ich habe diese Erfahrungen und Beobachtungen nicht gern niedergeschrieben. Denn ich weiß, das ist ein Eingriff in das Reich Satans. Er wird sich nicht ohne weiteres gefallen lassen, daß über dieses Gebiet klar und offen geredet und geschrieben wird.

Aus meinem Reiseleben als Evangelist weiß ich, wie der Teufel sich Mühe gibt, die Verkündigung des Wortes Gottes zu hintertreiben. Wie oft geschieht es, wenn ich eine Evangelisationsreise antreten will, daß ich mich krank fühle oder daß eins meiner Lieben krank wird, so daß ich eigentlich nicht abreisen könnte. Je mehr solche Hindernisse sich auftürmen, um so mehr Segen erwarte ich von der Arbeit, die der Feind zu verhindern trachtet. Ist doch jede Evangelisation ein Einbruch in das Machtgebiet des Teufels. Und er tut, was er kann, um ihn zu verhindern.

Bei einer Waldversammlung, die wir einmal an einem Pfingsttag hatten, sprachen wir zu dritt über das Wort: »Wenn der Heilige Geist kommt, der wird die Welt überführen«. Der erste Redner sprach »von der Sünde, daß sie nicht glauben an mich«. Der zweite: »von der Gerechtigkeit, daß ich zum Vater gehe«. Mir war der Auftrag geworden, über das dritte Wort zu sprechen, über »das Gericht, daß der Fürst dieser Welt gerichtet ist«. Ich habe das mit großer Freimütigkeit getan und es bezeugt, daß der Heiland auf Golgatha dem Teufel die Macht genommen habe, daß der Teufel ein geschlagener und gerichteter Fürst sei.

Was war das für eine Woche, die darauf folgte! Was für Versuchungen hatte ich durchzumachen! Gott sei Dank, die Gnade reichte aus, mich zu bewahren, mich durchzubringen, aber schwer war's doch! Was bot der Teufel alles auf! Da habe ich gemerkt, daß man es mit dem Teufel selber zu tun bekommt, wenn man davon spricht, daß er geschlagen und gerichtet sei. Und das will ich auch in diesem Buch bezeugen, ich möchte zeigen, wie die Bibel über die Sünde der Zauberei denkt, wie diese Sünde eigentlich geschieht und wie man frei werden kann aus des Satans Macht und Bann.

Der Herr aber wolle diese Schrift, die ich ihm besonders anbefehlen möchte, dazu segnen, daß Gebundene frei werden, daß sie teilhaben an der Freiheit der Kinder Gottes!

Was sagt die Heilige Schrift?

An verschiedenen Stellen spricht die Heilige Schrift über dieses Gebiet. Haupttext, dem wir uns besonders zuwenden wollen, ist 5. Mose 18, 9–14. Dort gibt Gott durch Mose dem Volk Israel Verhaltungsmaßregeln für die Zeit, wenn sie in das Land Kanaan kommen. Da heißt es: »Wenn du in das Land kommst, das dir der Herr, dein Gott, geben wird, so sollst du nicht lernen tun die Greuel dieser Völker, daß nicht unter dir gefunden werde, der seinen Sohn oder Tochter durchs Feuer gehen lasse, oder ein Weissager oder ein Tagewähler oder der auf Vogelgeschrei achte, oder ein Zauberer oder Beschwörer oder Wahrsager oder Zeichendeuter oder der die Toten frage. Denn wer solches tut, der ist dem Herrn ein Greuel, und um solcher Greuel willen vertreibt sie der Herr, dein Gott, vor dir her. Du aber sollst rechtschaffen sein mit dem Herrn, deinem Gott. Denn diese Völker, deren Land du einnehmen wirst, gehorchen den Tagewählern und Weissagern; aber du sollst dich nicht also halten gegen den Herrn, deinen Gott.«

Da finden wir ein ganzes Verzeichnis von Sünden, die als Greuel vor Gott bezeichnet werden. Da tun wir einen Blick in das ganze unheimliche Gebiet der Zauberei und Wahrsagerei. Da sehen wir, wie klar und bestimmt Gott die Beschäftigung mit diesen Dingen verboten hat.

Zunächst wird gesagt, daß unter den Kindern Israel keiner sein soll, der seine Kinder durchs Feuer gehen lasse. Bei den Einwohnern des Landes bestand die schreckliche Sitte, dem Götzen Moloch Kinderopfer darzubringen. Namentlich waren es die erstgeborenen Kinder, die dem Götzen geopfert wurden. Das Bild des Götzen war hohl und konnte durch ein eingelegtes Feuer von innen geheizt werden. Auf die Arme des Götzenbildes wurden dann die kleinen Kinder gelegt, die auf diese entsetzliche Weise zu Tode gebraten wurden.

Was für eine furchtbare Sünde, Kinder, die doch eine Gabe Gottes sind, in dieser grausamen Weise dem Götzen Moloch zu opfern! Und doch, so schrecklich dieser Götzendienst auch war, so sehr er auch dem natürlichen Empfinden des Menschenherzens widersprach, – es kam in Israel nicht selten vor, daß dieser abscheuliche Götzendienst geübt wurde. Das lesen wir z. B. in 2. Kön. 17, 17. Hier wird ein Rückblick auf die Geschichte Israels getan, das in die assyrische Gefangenschaft geführt wurde zur Strafe für seine Übertretungen. Es heißt: »Sie ließen ihre Söhne und Töchter durchs Feuer gehen und gingen mit Weissagen und Zaubern um und verkauften sich, zu tun, was dem Herrn übel gefiel, ihn zu erzürnen.« Nicht nur in Israel, dem Nordreich, wurde dieser Greuel getrieben, auch in Juda kam es vor. Denn wenn Josia von Juda »das Thopheth im Tal der Kinder Hinnom verunreinigte, – das war das Molochbild –, daß niemand seinen Sohn oder Tochter dem Moloch durchs Feuer ließe gehen« (2. Kön. 23, 10), so geht eben daraus hervor, daß dort solch ein Molochbild bestand, dem Kinderopfer gebracht wurden. Ja, der König Ahas von Juda selber »ließ seinen Sohn durchs Feuer gehen nach den Greueln der Heiden, die der Herr vor den Kindern Israel vertrieben hatte« (2. Kön. 16, 3), ebenso wie wir von Manasse, dem Sohn des frommen Königs Hiskia, lesen: »Er ließ seinen Sohn durchs Feuer gehen und achtete auf Vogelgeschrei und Zeichen und hielt Wahrsager und Zeichendeuter und tat des viel, das dem Herrn übel gefiel, damit er ihn erzürnte« (2. Könige 21, 6).

Auch heute noch gibt es Kinderopfer in erschreckender Zahl. Was für ein dunkles Kapitel ist die furchtbare Geburtenabnahme und die Verhütung von Kindersegen! Wie viele Kinder werden umgebracht vor der Geburt! Man sagt, daß es nahezu eine Million Kinder seien, die auf diese Weise beseitigt werden. Man hält Kinder weithin nicht mehr für eine Gabe Gottes, sondern für eine unbequeme Last. Wie hat sich der Feind dieses Gebietes bemächtigt. Es schreit fürwahr gen Himmel.

Wahrsager

Aber wir sehen weiter, was in 5. Mose 18 genannt wird von Zaubereisünden, die damals vorkamen.

Da ist von Weissagern die Rede. Was ist das? Wie geschah das? Das biblische Wörterbuch von Zeller antwortet darauf: »Der Weissager oder Wahrsager gebraucht Mittel und Wege, Beschwörungen und Künste, Zeichen in der Natur, wodurch sich ein vorwitziges, freches Eindringenwollen in das uns verschlossene Geisterreich kundgibt, wobei man an verschlossene Türen klopft und in eine Gemeinschaft mit satanischen Kräften eingeht.«

Wie kam es zu solcher Wahrsagerei?

Tief im Menschenherzen liegt das Verlangen, den Schleier

zu lüften, der das geheimnisvolle Land der Zukunft und des Jenseits verhüllt. Und ebenso wohnt ihm das Begehren inne, den Willen Gottes in bezug auf den eigenen Lebensweg zu erkennen, um rechte Schritte in die Zukunft tun zu können.

Gott antwortet auf dieses Verlangen durch sein Wort und durch seinen Geist. Was wir von der Zukunft und dem Jenseits zu wissen nötig haben, das offenbart uns das Wort Gottes. Und ich meine, es sei überaus herrlich, was die Bibel uns sagt, wenn wir hören, daß wir als Kinder Gottes auch Erben und Miterben Christi sein werden, wenn wir hören, daß es einen neuen Himmel und eine neue Erde geben wird, wo Gott inmitten der Seinen wohnen und wandeln wird.

Aber damit, was Gott ihnen sagt, geben sich die Menschen nicht zufrieden. Sie wollen mehr wissen. Und wenn Gott diesen Wunsch nicht befriedigt, dann versucht man es auf andere Weise, hinter die Geheimnisse der Zukunft zu kommen. Wissen *will* man, was die Zukunft uns bringt und was im Jenseits unser wartet.

Dem Verlangen, feste und gewisse Schritte auf dem Lebensweg zu tun, kommt Gott entgegen durch seinen Heiligen Geist. Durch denselben erleuchtet er uns, gibt er uns Antwort und Aufschluß. In schweren Lagen und Fragen berät er uns, wenn wir Entscheidungen zu treffen haben. Er leitet uns in alle Wahrheit durch seinen Geist. Aber diese so kostbare Leitung durch den Geist Gottes ist daran gebunden, daß wir Gotteskinder geworden sind. Sagt doch der Apostel: »Welche der Geist Gottes treibt, die sind Gottes Kinder.« Geistesleitung und Gotteskindschaft gehören zusammen. Diesen Preis aber will man nicht bezahlen. Man will Leitung und Führung ohne Gotteskindschaft. Und weil man sie von Gott nicht ohne die Erfüllung dieser Bedingung bekommt, darum verzichtet man auf die göttliche Leitung und sucht sie auf anderem Wege.

Die Wahrsagerei kam diesem Verlangen der Menschen entgegen, das bei Gott nicht die gewünschte Befriedigung fand. Was Gott versagte, gab der Teufel.

Bei den verschiedenen Völkern hat sich die Wahrsagerei verschieden ausgebildet. Aber immer liegt der Wahrsagerei der Gedanke zugrunde, daß die Götter die Zukunft wissen und daß sie bereit sind, dieselbe den Menschen zu offenbaren, wenn die Menschen sie nur in richtiger Weise zu fragen verstehen oder wenn sie es lernen, die Zeichen, welche die Götter geben, in der richtigen Weise zu deuten. So wie das ganze Heidentum unter dem Einfluß der Mächte der Finsternis steht, so ist auch keine Wahrsagerei möglich, ohne daß satanische Eingebungen und dämonische Erscheinungen dabei eine Rolle spielten.

Um das rechte Urteil über die heutige Wahrsagerei zu gewinnen, müssen wir sehen, wie die Wahrsagerei früher getrieben wurde. Wir werden dann mit Staunen und Betrübnis sehen, daß die alten Mittel und Wege der Wahrsagerei noch immer Anwendung finden.

Es gab eine Wahrsagerei durchs Wort und durch menschliche Mittelspersonen; es gab auch eine Wahrsagerei auf Grund von allerlei Zeichen, die gedeutet wurden.

Die Wahrsagerei durchs Wort wurde von Personen geübt, die auf irgendeine Weise einen Einblick in die unsichtbare Welt gewannen und dadurch die Zukunft und den Willen der Götter erfuhren.

Die Wahrsager geben vor, in einem Zustand höherer Erleuchtung zu stehen. Und in der Tat verstanden sie es, einen schlafähnlichen oder ekstatischen, verzückten Zustand herbeizuführen, entweder durch Anwendung betäubender Dämpfe oder auf andere Weise. Meist waren es Weiber, die als Wahrsagerinnen dienten. Die weibliche Psyche scheint sich besonders gut dafür zu eignen. Auch heute sind die meisten Medien Frauen oder Mädchen.

Daß wir es bei diesen Wahrsagerinnen mit Menschen zu tun haben, die nicht unter der Herrschaft Gottes und seines Geistes stehen, das sehen wir an der Magd mit dem Wahrsagergeist, der Paulus in Philippi begegnete (Apg. 16). Er konnte es nicht anhören und ansehen, darum trieb er den Wahrsagergeist aus. Er erkannte, daß es sich hier um etwas Dämonisches handelte, obwohl die Magd nichts anderes sagte als: »Das sind Knechte Gottes, die den Weg der Seligkeit verkündigen.« Es war die volle Wahrheit, die die Magd redete; aber Paulus erkannte, daß hinter ihr der Vater der Lüge stand. Darum trat er dem Geist, der aus dem Mädchen sprach, gebieterisch entgegen. Der Teufel rächte sich alsbald dadurch, daß er einen Straßenauflauf erregte, in dessen Verlauf Paulus und Silas blutig geschlagen, verhaftet und ins Gefängnis geworfen wurden.

War dies die eine Art von Wahrsagerei, daß Menschen sich in den Dienst dieser geheimnisvollen Mächte und Kräfte stellten, um ihren Willen den Menschen kundzutun, so war die andere sehr verbreitete Art von Wahrsagerei das

Deuten von Zeichen.

Man veranlaßte oder man forderte Zeichen, um daraus den Willen der Götter zu erkennen. Hierher gehört das Fragen des Holzes, das wir Hosea 12 finden: »Mein Volk fragt sein Holz und sein Stab soll ihm predigen.« Das geschah so, daß man Holzstäbe hinwarf, aus deren Lage beim Fallen man dann einen Schluß zog. So hat dieses Holzfragen Ähnlichkeit mit dem heutigen Kartenlegen. Man kann es auch in Vergleich bringen mit dem Hinwerfen einer Münze. Je nachdem, ob die Schrift oben liegt oder der Adler, richte man sein Verhalten ein.

Ähnlich war das Wahrsagen aus einem Becher. Das finden wir nicht nur in Ägypten in den Tagen Josephs (1. Mose 44, 5): »Ist's nicht das, daraus mein Herr trinkt und damit er weissagt?«, sondern das kommt auch jetzt noch vor. Wer denkt dabei nicht auch an das Deuten der Zeichen im Kaffeesatz und beim Bleigießen in der Silvesternacht?

Auch verstand man sich darauf, die Hausgötter, die Theraphim, zu befragen. Wir wissen freilich nicht mehr, wie man das machte. Es wird dabei gewiß ähnlich zugegangen sein wie beim Befragen der Lose Urim und Thummim. Wenn heute manche Gläubige die Bibel in der Weise der alten Theraphim fragen, um ein Zeichen zu erhalten, so machen sie eigentlich auch die Bibel zu einem Wahrsagemittel.

Weiter wurde die Wahrsagerei dadurch geübt, daß man auf Vorzeichen achtete, die man nach Regeln deutete, die in der Zunft der Wahrsager als Geheimlehre überliefert wurden.

Hierzu gehört in erster Linie die Sterndeuterei, die Deutung von Sonnen- und Mondfinsternissen, die Beobachtung von Donner und Blitz, besonders bei heiterem Himmel, ebenso wie die Beobachtung der Wolken und der Wolkenbilder.

Die Sterndeuterei ist nicht nur bis auf den heutigen Tag in Gebrauch, sondern spielt heute eine besonders große Rolle. Wie viele, die sich »ein Horoskop stellen« lassen, um aus der Stellung der Gestirne bei ihrer Geburt die Zukunft zu erfahren! Man bekommt dann auch genaue Anweisung, welche Tage glücklich sind und vor welchen man sich hüten muß; ja, man kann sogar sein Horoskop für jeden Tag in der Illustrierten oder Wochenzeitung lesen.

Auch den Flug und das Geschrei der Vögel beachtete man. Die Vögel galten ganz besonders als Boten der Götter, da sie zwischen Himmel und Erde fliegen. – So untersuchte man auch die Eingeweide der Opfertiere, namentlich Form und Farbe der Leber, man achtete auf die Flamme beim Opferfeuer, auf das Aussehen der Asche, des Blutes usw. – Auch allerlei zufällige Begegnungen mit Menschen, plötzliches Niesen – alles, was sich anbot, wurde als Zeichen genommen.

Ist das nicht alles auch bei uns noch im Gebrauch? Von Napoleon und Voltaire, diesen aufgeklärten Geistern, wissen wir, daß sie auf das Geschrei der Vögel achteten. Und erschrecken nicht viele, wenn sie ein Käuzchen schreien hören, weil sie meinen, sein Ruf laute: »Komm mit!« und bedeute, daß jetzt jemand sterben müsse? Fürchten sich nicht manche Jäger, wenn beim Aufbruch zur Jagd eine alte Frau ihren Weg kreuzt? Wird es nicht auch als ein Zeichen gedeutet, wenn eine Katze über den Weg läuft, wenn man eine Schafherde zur Rechten hat, wenn Stroh auf der Schwelle liegt – und was es für Vorzeichen geben mag, bei denen die Leute sagen: Das bedeutet etwas! Wir leben noch mitten im Heidentum, und der Teufel hat heute noch mit Aberglaube und Zeichendeuterei seinen Thron unter uns.

Eine sehr wichtige Sache war auch immer die Traumdeuterei. Gewiß gibt es Offenbarungsträume, durch die Gott mit den Menschen redet. In der Bibel haben wir ja eine ganze Reihe von Geschichten dieser Art. Joseph legt dem Bäcker und dem Mundschenken im Gefängnis ihre

Träume aus. Er deutet die Träume Pharaos von den Ähren und von den Kühen. Daniel deutet dem König Nebukadnezar den Traum von dem großen Bild, das er gesehen. So gibt es Träume, durch die Gott den Menschen etwas mitteilen und offenbaren will. Aber bei den meisten Träumen verstehen wir nicht den Sinn. Da kommt nun die Wahrsagerei, die aus der Deutung der Träume eine ganze Kunst gemacht hat. Bis auf den heutigen Tag gehören die Traumbücher zu dem eisernen Bestand der Wahrsagerei. Da kann man ganz genau sehen, was dies oder jenes zu bedeuten hat, was man im Traum gesehen oder gehört.

Weil die Träume für ein so wichtiges Mittel gehalten wurden, den Willen der Götter zu erkennen, darum suchte man auf allerlei Weise Träume zu bekommen. Man schlief auf den Gräbern der Vorfahren und hielt die Träume der Nacht dann für Mitteilungen der Verstorbenen. Gewisse Genüsse, betäubende Dämpfe, verschiedene Mittel – dazu gehören auch die Kissen, von denen Hes. 13, 18 die Rede ist – wurden angewendet, um Traumbilder zu erzeugen, die man dann deuten ließ.

Man könnte ein ganzes Buch darüber schreiben, so verbreitet war die Wahrsagerei, so verschieden die Mittel, deren man sich bediente.

In der Liste von 5. Mose 18 werden auch die Tagewähler genannt. Durch die Stellung der Gestirne zueinander wußte man etliche Tage als Unglückstage festzustellen, andere wieder wurden als Glückstage bezeichnet. Die Römer unterschieden schwarze Tage oder Unglückstage, weiße oder Glückstage und außerdem noch gleichgültige Tage. Auch die Juden hatten ihre guten und bösen Tage.

Spielt die Tagewählerei nicht auch noch eine Rolle in der Gegenwart? Der Freitag gilt vielen als ein Unglückstag, vielleicht in Erinnerung an den Karfreitag, an dem Jesus gekreuzigt wurde. Aber sollte der Freitag deshalb nicht viel eher für einen Glückstag gehalten werden, weil an diesem Tag das Heil der Welt und die Vergebung unserer Sünden vollbracht wurde?

Manche halten den Montag für einen Unglückstag. In gewissen Gegenden würde keine Hausangestellte an einem Montag einen Dienst antreten. Dann hätte sie kein Glück in der Stelle. Fragt man nach dem Grund, dann bekommt man zur Antwort: »Montag wird nicht wochenalt.«

Gehört nicht in die Reihe der Unglückstage auch die Unglückszahl 13? Was für eine Angst haben viele Menschen vor der Zahl 13! In vielen Gasthäusern wird man sie vergebens suchen. Da würde ja kein Mensch wohnen und schlafen wollen. In Badeanstalten fehlt die Zelle Nr. 13. Auf den Straßen sucht man Hausnummer 13 durch 12a zu ersetzen.

Kommt diese abergläubische Angst vielleicht daher, daß Jesus mit zwölf Jüngern am Tisch saß und daß dann Jesus ans Kreuz geschlagen wurde und Judas sich erhängte? Aber ist nicht, ich sage es noch einmal, das Kreuz Jesu Christi das Heil der Welt? Jesus hat sich jedenfalls vor der Zahl 13 nicht gefürchtet. Drei Jahre lang ist er mit zwölf Jüngern durchs Land gezogen, hat er sich mit ihnen zu Tisch gesetzt. Immer und überall waren es 13. Sollten wir uns da in heidnischem Aberglauben vor der Zahl 13 fürchten als vor einer Unglückszahl?

Zauberei

In 5. Mose 18 werden weiter die Zauberer genannt. Was ist darunter zu verstehen?

Die Zauberei ist mit der Wahrsagerei darin eins, daß der von Gott abgefallene Mensch auf einem von Gott verbotenen und verschlossenen Wege – also in fortgesetztem Ungehorsam wider Gott – sich über die Schranken hinwegzusetzen sucht, die unserm natürlichen Wissen und Wirken gezogen sind. So verübt die Zauberei gewissermaßen einen Einbruch in verschlossene Gebiete, um etwas an sich zu reißen, was Gott verboten hat. Während sich die Wahrsagerei mehr auf das *Wissen* bezieht – man will *wissen,* wie es in der Zukunft sein wird, man will *wissen,* wie dies und jenes ablaufen wird –, so bezieht sich die Zauberei mehr auf das *Tun.* Der Zauberer tut etwas, er wirkt, er handelt. Um außerordentliche Wirkungen hervorzubringen, sucht der Zauberer Mächte und Kräfte in seinen Dienst zu zwingen, die über das von Gott den Menschen verliehene Maß hinausgehen. Da diese Wirkungen dem Willen Gottes zuwiderlaufen, da sie nicht zur Ehre Gottes und zur Ausbreitung seines Reiches geschehen, sondern zur Befriedigung des Eigenwillens, eigener selbstsüchtiger Wünsche, so können diese Mächte keine göttlichen, diese Kräfte keine Lichtskräfte sein. Es sind Kräfte der Finsternis, es sind satanische Mächte. In 2. Thess. 2, 9 redet Paulus von einer »Wirkung des Satans mit allerlei lügenhaften Kräften und Zeichen und Wundern«.

Diese satanischen Kräfte lassen sich gern gebrauchen, sie kommen dem, der mit ihnen Gemeinschaft sucht, bereitwillig entgegen. Auch die Teufel sind – wie die Engel – dienstbare Geister. Aber während die Engel ausgesandt werden zum Dienst um derer willen, die ererben sollen die

Seligkeit, treten die Teufel in den Dienst derer, die verloren werden. So fährt Paulus 2. Thessalonicher 2, 10 fort: ». . . und mit allerlei Verführung zur Ungerechtigkeit unter denen, die verloren werden . . .«

Darum sind nicht nur die Mittel, die angewandt werden, um diese Wirkungen hervorzubringen, böse und gottwidrig, sondern auch diese Wirkungen selber. Denn sie geschehen immer zu Zwecken, die Gott nicht will. Das ist selbst dann der Fall, wenn diese Zwecke scheinbar gut sind, weil es sich um die Erlangung von etwas Gutem oder um die Entfernung von etwas Üblem handelt. Letzteres kann doch nur dann gut sein, wenn es mit dem Willen Gottes übereinstimmt, auf dem von Gott geordneten Weg des gläubigen Gebets geschieht und dabei Gottes Wort und Name nach seinem ausdrücklichen Willen gebraucht werden.

Gott hat einem Menschen aus weisen Gründen irgendein Kreuz auferlegt. Er hat ihm eine Krankheit geschickt, um ihn dadurch zu sich zu ziehen. Anstatt aber diesen göttlichen Liebeszügen zu folgen und sich durch das Leid segnen zu lassen, sucht man es loszuwerden. Da man diese Hilfe nicht von Gott erreichen kann, wendet man sich an den Teufel. Man umgeht also die Buße, die Gott wirken wollte, man umgeht das Gebet, das Gott wecken wollte, und sucht auf dem eigenwilligen Weg der Zauberei das Übel loszuwerden. Ebenso ist es mit dem Guten, das Gott dem Menschen in erzieherischer Absicht vorenthält. Man will es doch haben, und da Gott es nicht gibt, wird es erzwungen und ertrotzt auf dem Wege der Zauberei.

Der tiefste Sinn der Zauberei ist also der: man will etwas haben, was Gott – aus Weisheit und Liebe – versagt hat. Zaubern ist viel bequemer und leichter für den natürlichen

Menschen als Buße tun, sich zu Gott bekehren, im Glauben dulden und mit Gottes Fügung einverstanden sein. Und der Teufel läßt sich nur zu gern darauf ein, sich für gottwidrige Zwecke gebrauchen zu lassen, denn aus dieser Umgehung der göttlichen Wege zieht er seinen Nutzen. Er bietet seine Hilfe nicht umsonst. Scheinbar wird der Teufel von dem Zauberer gezwungen, ihm zu Willen zu sein; in Wirklichkeit gehorcht der Teufel aus freien Stükken, weil er auf diese Weise nicht nur den Zauberer selber, sondern auch den, der die Hilfe des Zauberers in Anspruch nimmt, in seine Gewalt bekommt.

Weil die Absicht des Teufels letzten Endes aber die ist, Seelen zu verderben, so ist auch die Spitze der Zauberei, Seelen Schaden zuzufügen und ihnen Übles zu tun. Das nennt man die »schwarze Magie«.

Müssen wir uns davor fürchten? Gott sei Dank, nein! Stehen wir unter der Deckung des Blutes Jesu, dann kann uns keine Macht der Hölle etwas anhaben. Folgen wir als gehorsame Schafe dem guten Hirten nach, dann haben wir sein Verheißungswort: »Meine Schafe hören meine Stimme und ich kenne sie und sie folgen mir. Und ich gebe ihnen das ewige Leben und sie werden nimmermehr umkommen und niemand wird sie mir aus meiner Hand reißen«. Auf dem Felsen der Gnade, unter der Deckung des Blutes, unter den ewigen Armen – brauchen wir uns vor Zauberei und Teufelsspuk nicht zu fürchten.

Um den Teufel zu »bannen«, gebrauchte der Zauberer vornehmlich Beschwörungsformeln, daneben auch allerlei andere Mittel, Räuchern, tierische Stoffe wie Fischleber, Frösche, Menschengebeine, Zauberkräuter, Zaubertränke, Zauberstäbe und dergleichen. Da der Teufel sich gern in einen Engel des Lichts verstellt und darum auch versteht, die Zwecke und Mittel der Zauberei als göttliche vorzuspiegeln, so ist es leicht zu verstehen, daß der, welcher seine Zuflucht zu einem Zauberer nimmt, längst nicht immer das Bewußtsein hat, daß es sich dabei um Zauberei handelt. Ja, dies Bewußtsein wird nur in den seltensten Fällen vorhanden sein. Manchmal wird dies Bewußtsein sogar dem Zauberer selber fehlen. Was nur durch Vermittlung einer teuflischen Macht geschehen kann, schreibt man entweder der Macht Gottes zu, an die man sich doch gar nicht gewendet hat, oder man meint, es sei die Wirkung der Zauberformel oder des sonstigen Zaubermittels.

Da die schwarze Magie den Menschen Schaden zuzufügen trachtet, so suchte man sich dagegen zu schützen – aber auch wieder auf eine satanische, nicht auf eine göttliche Weise. Man verwendete zu diesem Zweck Amulette und Talismane. Die in Jes. 3, 20 genannten Ohrenspangen, denen wir auch 1. Mose 35, 4 begegnen, sowie auch Fingerringe trug man als Amulette. Auf dem Metall oder Stein dieser Ringe und Spangen waren gewisse Buchstaben oder Zeichen eingegraben, die die Kraft haben sollten, der Zauberei entgegenzuwirken und böse Geister zu vertreiben. Schreibt man den Edelsteinen, die man als Schmuck heute trägt, nicht auch schicksalhafte Kräfte zu, wenn man sie auswählt nach dem Sternzeichen, unter dem einer geboren ist?

So stellt sich die moderne Anwendung der Astrologie »Sympathie«, das »Besprechen« oder »Brauchen« oder »Büßen« und wie man es sonst nennen mag, ganz regelrecht als eine Form der Zauberei dar. Man sucht etwas Gutes zu erlangen, etwa das Gut der Gesundheit, aber nicht auf dem biblischen und göttlichen Weg der Beugung unter den Willen Gottes, der Buße, des Gebets, sondern auf dem eigenwilligen Weg der Zauberei. Man sucht etwas

Böses zu entfernen oder etwas Bösem auszuweichen, aber nicht in den Linien Gottes, sondern auf dem Weg des Teufels. Was Gott versagt und vorenthält, das muß der Teufel geben. Auch das christliche Beiwerk, wie der Gebrauch der drei höchsten Namen, des Namens Jesu, gewisser Gebetsformeln, des Vaterunsers ändert nichts an der Tatsache, daß wir es hier mit einem Stück Heidentum zu tun haben. Es ist Zauberei, wenn man es auch »Segensprechen« nennt. Luther hat recht, wenn er warnt: »Wir sollen Gott fürchten und lieben, daß wir bei seinem Namen nicht zaubern.« Satan bleibt Satan, auch wenn er Bibelworte im Munde führt. Das hat er bei der Versuchung Jesu in der Wüste bewiesen. Die Magd in Philippi führte auch fromme Reden, und doch war es ein böser Geist, der aus ihr redete.

Daß es sich bei der »Sympathie« in der Tat um die Wirkung finsterer Mächte handelt, das geht auch daraus hervor, daß solche, die durch Zauberei und Besprechen von einer Krankheit geheilt wurden, sofort wieder erkrankten, als sie sich bekehrten und den Herrn baten, sie von dem Banne des Teufels zu befreien.

Es wäre noch viel zu sagen über die Zauberei in den verschiedenen Völkern des Altertums, wovon die Bibel uns berichtet. Aber das würde über den Rahmen meiner Aufgabe hinausgehen. Sowohl bei den Ägyptern wie bei den Babyloniern finden wir die Zauberei in Blüte, nicht minder auch in Griechenland. Sogar in Israel, das es doch besser hätte wissen können, finden wir die Zauberei sehr verbreitet. Gleich nachdem das Christentum über Jerusalem hinausgeht, tritt ihm der Zauberer Simon entgegen (Apg. 8, 9 ff.), und als Paulus seine erste Missionsreise macht, begegnet er alsbald dem Zauberer Bar-Jesus (Apg. 13, 6 ff.).

Paulus bezeugt in Gal. 5, 20, daß die Zauberei zu den Werken des Fleisches gehöre, von denen er sagt: »Die solches tun, werden das Reich Gottes nicht erben.« Die Offenbarung sagt, daß der Zauberer Teil in dem Pfuhl sein wird, der mit Feuer und Schwefel brennt (Offb. 21, 8), daß sie ausgeschlossen sind von dem himmlischen Jerusalem (Offb. 22, 15).

Aber trotz dieser ernsten Mahnungen im Worte Gottes ging die Zauberei in der Christenheit weiter. Wir haben dafür gewichtige Zeugnisse der Kirchenväter, wie z. B. eines Chrysostomus, der gesagt hat: »Du gebrauchst nicht nur Amulette, sondern auch Zauberformeln, indem du trunkene und taumelnde alte Weiber in dein Haus einführst. Und du schämst dich nicht, dich zu solchen Dingen zu wenden? Man glaubt sich damit zu entschuldigen, daß das Weib eine Christin ist und nichts anderes spricht als den Namen Gottes. Gerade deshalb hasse und verabscheue ich sie desto mehr, weil sie den Namen Gottes schändet, und während sie sich eine Christin nennt, heidnische Werke treibt.«

Ein anderes Mal sagt er: »Die Priester hängen den Menschen Schutzmittel um den Hals, einige ein Stück des Evangeliums. Sage, du törichter Priester, wird nicht täglich das Evangelium in der Kirche gelesen und gehört? Wenn nun das Evangelium, das zu seinen Ohren dringt, nichts nützt, wie wird es ihn retten, wo es ihm um den Hals gehängt ist? Ferner: Worin besteht die Kraft des Evangeliums? Im geschriebenen Buchstaben oder im Geiste? Wenn im Buchstaben, dann hängst du es füglich um den Hals, wenn aber im Geist, dann ist es heilsamer, wenn du es zu Herzen nimmst, als wenn du es um den Hals hängst.«

Aber alles Reden und Schreiben gegen Amulette und andere Schutzmittel hat nichts genutzt. Bis auf den heutigen Tag sind sie gesucht. Soldaten sind mit ihren »Himmelsbriefen« in den Krieg gezogen und haben gemeint, sich dadurch hieb- und schußfest machen zu können, und zahllose Menschen tragen allerlei Kapseln und Amulette an sich herum, um dadurch gefeit zu sein gegen Unfälle und finstere Mächte – und sie ahnen nicht, daß sie gerade dadurch den finsteren Mächten verfallen!

Ach, daß Gott Licht geben könnte über das unheimliche Gebiet der Zauberei, das so sehr verbreitet ist – auch weithin in der sogenannten Christenheit!

Beschwörer

In der Sündenliste von 5. Mose 18 werden weiter die Beschwörer genannt. Das ist eine besondere Art der Zauberei. Beschwörer waren Leute, die durch Anwendung von Zauberformeln unter Räucherung und anderen abergläubischen Zeremonien allerhand Wunder verrichteten, Krankheiten heilten, die bösen Geister austrieben usw. Sie traten besonders als Schlangenbeschwörer auf, die es auch heute noch gibt. Oder es waren Totenbeschwörer, die Seelen aus der Unterwelt zitierten, um die Zukunft von ihnen zu erfahren. Saul schaffte sie ab, nahm aber dann doch selbst ihren Dienst in Anspruch, 1. Sam. 28, 3–10. Manasse führte die Beschwörer wieder ein, 2. Kön. 21, 6; 2. Chron. 33, 6. Der König Josia schaffte sie bei seiner Reformation ab, 2. Kön. 23, 24; aber der Teufel führte sie wieder ein. So gab es in den Tagen Christi viele, die diese geheimen Künste ausübten und daraus ein einträgliches Gewerbe machten. Sie gaben vor, Salomo sei der Lehrer ihrer Künste gewesen, aus seinen Büchern hätten sie dieselben gelernt. Aber Salomo ist ebenso unschuldig an diesem Unwesen wie Mose, nach dessen Namen man das berüchtigte Zauberbuch »Das sechste und siebente Buch Mose« nennt. Dieses Buch hat mit Mose gar nichts zu tun. Es enhält allerlei Zauber-Rezepte gegen mancherlei Krankheiten bei Menschen und Vieh und Zauberformeln unter ständigem Gebrauch des Namens Gottes, der Jungfrau Maria und der höllischen Geister, alles untermischt mit Stellen aus der Heiligen Schrift. Der erste Abschnitt des Buches ist überschrieben: »Der schwarze Rabe«, der letzte: »Der wahrhaftige feurige Drache« – oder »Herrschaft über die himmlischen und höllischen Geister«.

Vom Beschwören der Toten muß noch ein Wort gesagt werden. Die Beschwörung der Abgeschiedenen geschah durch Zaubersprüche, gewöhnlich auf den Gräbern derer, die man zitieren wollte. So heißt es in Jes. 65, 3. 4: »Ein Volk, das mich entrüstet, ist immer vor meinem Angesicht, opfert in den Gärten und räuchert auf den Ziegelsteinen, sitzt unter den Gräbern und bleibt über Nacht in den Höhlen . . .« Die Aussprüche der Beschwörer kamen flüsternd, murmelnd, seufzend, wie aus der Erde hervor, weshalb manche meinen, die Totenbeschwörer seien nichts anderes gewesen als geschickte Bauchredner, Betrüger, die es den Menschen nur vortäuschten, daß die Abgeschiedenen mit ihnen redeten.

Aber ich bin davon überzeugt, daß es sich bei dem Totenbeschwören um mehr als um einen Betrug gehandelt hat. Wenn es nicht möglich wäre, Tote zu fragen, dann hätte Gott es nicht verboten.

So ist es auch heute noch. Manche denken, es sei alles Schwindel, was auf diesem Gebiet geschehe. Gewiß ist vieles Schwindel. Das haben manche großen Betrugsprozesse bewiesen. Das berühmte Blumenmedium Anna Rothe wurde als eine Betrügerin entlarvt. Aber man würde doch dem Spiritismus nicht gerecht, wenn man einfach alles für Betrug erklären würde. Vielleicht ist manches durch geheimnisvolle Vorgänge des Seelenlebens zu erklären. Aber ein großer Teil der Vorgänge läßt sich damit nicht abtun. Es bleibt immer noch genug übrig, was als wirklicher Verkehr mit der Geisterwelt bezeichnet werden muß.

In der Bibel selber haben wir ja die Beschreibung einer spiritistischen Sitzung. Der König Saul, im Gemüt verdüstert, wollte gern wissen, wie der Ausgang der bevorstehenden Schlacht sein würde. Gott gab ihm keine Antwort auf seine Frage. Da machte er sich auf und besuchte das Zauberweib von Endor, um von ihr den Geist Samuels zitieren zu lassen.

Das geschah. Samuel erschien und verkündigte dem König, daß er am andern Tage bei ihm im Totenreiche sein werde.

Von alters her ist die Meinung geteilt gewesen, ob Samuel wirklich erschienen sei oder nicht. Luther hat – in Übereinstimmung mit manchen Kirchenvätern – die Ansicht vertreten, die Erscheinung Samuels sei durch dämonische Kraft bewirkt worden, es sei ein teuflisches Gespenst gewesen. Diese Ansicht geht davon aus, daß Gott es doch nicht zulassen werde, daß ein Gläubiger durch eine Beschwörerin in seiner Ruhe gestört werde.

Andere wieder, zuerst der Bischof Theodoret von Cyrus in Syrien, der im Jahre 457 starb, erklärten, der verstorbene Prophet sei wirklich erschienen, jedoch nicht durch die Künste der Zauberin, sondern durch ein Wunder göttlicher Allmacht. Aus dem Wortlaut: »Da nun das Weib Samuel sah, schrie sie laut«, gehe hervor, daß sie selber überrascht und erschreckt worden sei. Sie habe offenbar nicht damit gerechnet, daß Samuel wirklich kommen werde. Vielleicht wollte sie den Besucher ebenso täuschen, wie sie schon manchen getäuscht hatte, und ihm als Bauchrednerin etwas vormachen. Aber Gott wollte, daß Saul eine klare Antwort bekam.

Es liegt also ein geheimnisvolles Dunkel über dieser Geschichte. Ist der Geist wirklich erschienen oder nicht? Das ist auch die Frage, die sich heute erhebt in bezug auf den Spiritismus. Viele Spiritisten sind fest davon überzeugt, mit Paulus, mit Luther usw. geredet zu haben. Auffällig ist dabei nur, daß die angeblichen Geister dieser Männer so triviales Zeug reden, daß man sich wundern muß. Wie sehnte sich Paulus darnach, abzuscheiden und bei Christus zu sein! Wie wußte er die Herrlichkeit des Erbes der Kinder Gottes zu preisen! Sollte er, der nun schon so lange in dieser Herrlichkeit weilt, darüber nicht ganz wunderbare Mitteilungen machen? Aber nichts derart geschieht, wenn der Geist des Paulus zitiert wird.

Als einst Mose und Elia aus der Herrlichkeit erschienen zu einer Begegnung mit dem Sohne Gottes auf dem Berge der Verklärung, da redeten sie mit ihm von dem Ausgang, den er erfüllen sollte zu Jerusalem, da sprachen sie mit ihm über das große Thema des Kreuzes. Aber die Geister, die der Spiritismus zitiert, reden die albernsten Nichtigkeiten.

Darum erscheint es mehr als fraglich, ob es sich wirklich um die Männer handelt, die man vorgibt, zitiert zu haben. Es handelt sich wohl eher um Erscheinungen oder Äußerungen von Dämonen, die sich für die Geister der zitierten Männer ausgeben.

Aber besteht nicht die Tatsache, daß schon Menschen

durch den Spiritismus zum Glauben gekommen sind an ein Leben nach dem Tode? Gewiß. Aber dazu brauchen wir den Spiritismus nicht, um uns zu beweisen, daß es ein Leben nach dem Tode gibt. Davon sind wir überzeugt auf Grund des Wortes Gottes. Gewiß kann Gott allerlei Mittel gebrauchen, um Seelen aufzuwecken. Da kann er auch mal eine spiritistische Sitzung gebrauchen, um mit einem Menschen zu reden, der ehrlich die Wahrheit sucht.

Aber es bleibt doch dabei, daß Gott gesagt hat: »Wenn du in das Land kommst, das dir der Herr, dein Gott, gibt, – daß nicht unter dir gefunden werde, der die Toten frage! Denn wer solches tut, der ist dem Herrn ein Greuel.«

Achten wir auf den Ausdruck, der hier gebraucht ist! Es heißt nicht: Wer solches tut, der *begeht* einen Greuel, sondern es heißt: Der *ist* ein Greuel. Das ist viel schärfer ausgedrückt. Nicht nur die *Tat* ist dem Herrn ein Greuel, sondern der *Mensch*, der sie begeht. Das sollte mit Buchstaben, die auch im Finsteren leuchten, an die Wand geschrieben werden, wo man sich zu spirtistischen Sitzungen und Zirkeln zusammenfindet.

In 3. Mose 20, 27 heißt es: »Wenn ein Weib – merkwürdig, hier wird das Weib vor dem Manne genannt, offenbar deshalb, weil auf diesem Gebiet sich vorwiegend Frauen betätigen – oder ein Mann ein Wahrsager oder Zeichendeuter sein wird, die sollen des Todes sterben. Man soll sie steinigen, ihr Blut sei auf ihnen.«

Nehmet es zur Kenntnis, ihr alle, die ihr euch mit solchen verbotenen Dingen abgebt! Hört es, ihr Beschwörer und Besprecher, ihr Kartenleger und Wahrsager! »Die sollen des Todes sterben!«

Aber Gott geht noch weiter. Er droht nicht nur denen das

Gericht an, die als Beschwörer und Zauberer und Wahrsager auftreten, sondern auch denen, die sich mit solchen Leuten einlassen, die sich die Zukunft voraussagen, die sich in Krankheitsfällen heilen, die sich ihre Warzen besprechen lassen. Sagt doch Gott in 3. Mose 19, 31: »Ihr sollt euch nicht wenden zu den Wahrsagern, und forscht nicht von den Zeichendeutern, daß ihr nicht an ihnen verunreinigt werdet, denn ich bin der Herr, euer Gott.«

Wer sich also mit Wahrsagern und Zeichendeutern einläßt, der wendet sich von Gott ab, der wendet sich an die Mächte der Finsternis, der verunreinigt sich an ihnen.

Und noch schärfer spricht Gott in 3. Mose 20, 6: »Wenn eine Seele sich zu den Wahrsagern und Zeichendeutern wenden wird, daß sie ihnen nachfolgt, so will ich mein Antlitz wider dieselbe Seele setzen und will sie aus ihrem Volk ausrotten.«

Hast du es gehört? Gott will sein Antlitz wider dich setzen. Weißt du, was das heißt? Das heißt: Gott hört auf, dir freundlich gesinnt zu sein, in wohlwollender Liebe dein zu gedenken, dich zu segnen und dir wohlzutun. Er setzt sein Antlitz gegen dich als dein Feind und Richter. Er rottet dich aus deinem Volk aus!

Kannst du noch sagen, es sei eine harmlose Beschäftigung, die du treibst? Kannst du noch sagen, es sei ein altbewährtes biblisches Heilmittel? Kannst du noch sagen, dein frommer Vater, deine fromme Mutter habe nichts Böses darin gesehen? Kannst du noch sagen, es sei übertrieben, wenn vor der »Sympathie«, dem »Besprechen« von Krankheiten, dem Lesen des Horoskops als vor der Sünde der Zauberei gewarnt wird?

Nein, das ist nicht harmlos und bedeutungslos, es ist auch

kein von den Aposteln überkommenes biblisches Heilmittel, es ist keine Volksmedizin, sondern es ist die Sünde der Zauberei, die ein Greuel ist vor Gott, die dich ums Leben bringt für Zeit und Ewigkeit, wenn du dich nicht durch gründliche Buße von dieser schauerlichen Sünde losmachst!

Ich möchte es mit unverwischbaren Buchstaben in dein Gedächtnis und in dein Gewissen schreiben können: »Wer solches tut, der ist dem Herrn ein Greuel!«

Wie es gemacht wird

Hat uns schon der Blick in die Bibel gezeigt, wie unheimlich dies Gebiet ist und wie verbreitet diese Zaubereisünden sind, so erschrecken wir noch mehr, wenn wir einen Blick in die Gegenwart tun und sehen, wie verbreitet noch heute diese Sünden sind.

Besprechen, um Warzen loszuwerden

Besonders häufig scheint man das »Besprechen« anzuwenden, um Warzen loszuwerden.

Da heißt es in einem Brief aus Darmstadt: »Als Schuljunge von elf oder zwölf Jahren hatte ich die linke Hand voller Warzen. Verschiedene Mittel hatten wir angewandt, aber die Warzen gingen nicht weg. Da wurde uns von einer Seite geraten, zu einer alten Frau zu gehen. Die Frau nahm einen Zwirnfaden und machte Schlingen, welche sie um die Warzen legte. Was sie dabei sprach, weiß ich heute nicht mehr. Beim nächsten Begräbnis wollte sie dann den Faden ins Grab werfen. Sie sagte, dann würden die Warzen auch verschwinden. Das traf auch ein; sämtliche Warzen waren verschwunden.« –

Wie wenig man ahnt, um was es sich bei dem Besprechen handelt, geht aus dem Brief einer Waisenhausmutter hervor, in dem sie schreibt: »Eins meiner Kinder, ein Junge von vierzehn Jahren, hatte die Hände stark mit Warzen bedeckt, die trotz der angewandten Mittel nicht verschwanden. Die Mutter unseres Pfarrers riet dem Kinde ohne mein Wissen, sich die Warzen zu versprechen. Bei

Neumond sollte es geschehen. Er dürfe es aber niemand sagen. Ich hätte es auch nicht erfahren, wenn ich nicht auf einmal gesehen hätte, daß die Warzen verschwanden. Ich fragte ihn, was er mit den Warzen getan habe, und er gestand mir schließlich, daß er sie sich versprochen habe.«

In einer Zuschrift heißt es: »Wie oft ich als Kind besprochen sein mag, weiß Gott allein, denn meine Großmutter kannte viele solche Rezepte, obschon sie eine fromme Frau war. Sie sah nicht ein, warum ihr Gott so viel Schweres an körperlichen und seelischem Leid zu tragen gab. (Es fehlte am Segen Gottes um dieser Sünde willen.) Wenn ich's ganz fest glaubte, würde bei den nötigen Manipulationen und Sprüchlein der zunehmende Mond meine Warzen von den Händen nehmen – ich tat's, und sie verschwanden. Das Gerstenkorn im Auge verschwand, wenn unvermutet hineingepustet ward; Zahnweh, Reißen und dergleichen verschwand alles ›im Namen der Dreieinigkeit‹, allerdings nur bei ganz festem Glauben. Und den hatte ich immer. Aber ich wollte lieber sämtliche Wehs und Warzen wieder haben, wenn ich damit vom Einfluß des Mondes, der mir regelmäßig beim Neumond alle Lebensfreude und frohe Stimmung nimmt, und von der andern Dämonenplage loskäme!«

Aus Thüringen schreibt eine Frau: »Ich habe seit zwei Jahren den Heiland gefunden, aber ich bin mit dem Wachsen im Glauben nicht zufrieden; ich führe das auf die Zaubereisünden zurück, deren ich mich schuldig gemacht habe. Als junges Mädchen habe ich eine Warze am Finger versprechen lassen. Auch bei Kartenschlägern bin ich gewesen . . .«

Was geht aus diesen Zeugnissen hervor? Einmal wie verbreitet diese Sünde ist. Überall und in jedem Stand gibt es Leute, die sich auf solche Dinge verstehen.

Und immer sind dabei das Vaterunser oder der Name der Dreieinigkeit genannt. Dadurch werden die, die Besprechen oder es an sich geschehen lassen, sicher gemacht: das kann doch nichts Schlimmes sein! Es wird doch dabei gebetet und der Name Gottes angerufen!

Das ist eine teuflische Verblendung. Denn das Vaterunser wird nicht betend gesprochen, sondern es wird als eine Zauberformel »gebraucht«. Und auch der Name Gottes wird nicht angerufen, sondern er wird als Zauberformel »gebraucht«.

Daß es sich hier um nichts Gutes und Göttliches handelt, das ist doch aus den merkwürdigen Anweisungen zu ersehen, die dabei erfüllt werden müssen. Man macht soviel Knoten oder Schlingen in den Faden, wie man Warzen an den Händen hat. Dann legt man den Faden über die Straße, wenn ein Leichenzug kommt, oder man wirft ihn ins offene Grab oder man vergräbt ihn unter der Dachrinne oder unter der Haustür. Kann das etwas Göttliches sein? Wirkt Gott auf solche Weise? Nimmermehr! Und das Schweigen, das dabei beobachtet werden muß, und daß es bei Neumond geschehen muß – das alles zeigt klar und deutlich, daß wir es hier nicht mit göttlicher Hilfe und Heilung zu tun haben, sondern mit der Macht der Finsternis.

Daß die Warzen verschwinden, wenn man diese Mittel anwendet und diese Worte spricht, ist ein Beweis, daß satanische Kräfte wirksam sind. Wären es nur alberne Redensarten, wie manche denken, wäre es nur ein abergläubisches Gerede, das nichts bedeutet, dann würden keine Wirkungen geschehen. Aber die Tatsache läßt sich nicht abstreiten, daß die Warzen verschwinden, daß Wirkungen stattfinden. Daraus ergibt sich, daß hier die Macht Satens sich offenbart, daß die Heilungen mit Hilfe finsterer Mächte geschehen.

Viele wissen das wohl nicht. Aber es gibt auch solche, die es wissen und dennoch tun.

»Ich sagte im Familienkreis: ›Wohl hat der Satan eine Macht gesund zu machen; aber wehe dem Menschen, der solche Künste treibt, und auch wehe dem, der sich besprechen läßt!‹ Da wurde ich ausgelacht. Mein älterer Bruder, der gerade zu Besuch war, sagte, er hätte sein Kind, das eine nasse Flechte hatte, auch besprechen lassen. Und meine Mutter sagte: ›Ob Satan oder Gott heilt, – wenn es nur hilft!‹ Ich hätte aufschreien mögen, als ich das hörte . . .«

Dieses Gespräch wurde in Brandenburg geführt. Was für ein Wort: »Ob Satan oder Gott, – wenn es nur hilft!«

Das ist offenbar der Gedanke vieler. Um jeden Preis Hilfe und Heilung! Mag Gott dadurch betrübt werden, mag man dadurch eine schwere Sünde auf sein Gewissen laden, – das ist nicht von Bedeutung!

Besprechen für Zahnschmerzen u. a.

Ganz ähnlich wie mit den Warzen macht man es auch bei Zahnschmerzen oder bei einem Gerstenkorn am Auge.

Da wird mir geschrieben: »Ein Mädchen hatte furchtbare Zahnschmerzen. Man riet ihr, sie solle sie dem Mond versprechen. Das tat sie – und hatte keine Zahnschmerzen mehr.«

In einem anderen Brief aus Spandau heißt es: »Als Junge

bekam ich oft ein Gerstenkorn am Auge. Das Aufkommen des Gerstenkorns suchte meine inzwischen verstorbene Großmutter durch Besprechen zu verhindern. Wie oft die Großmutter das tat, weiß ich nicht bestimmt. Später habe ich es dann auch selbst getan.«

»Ich hatte eine Tochter von fünfzehn Monaten, die zur englischen Krankheit geneigt schien. Es hieß: Du mußt mal zum Onkel Louis gehen – der nun schon lange gestorben ist. Der hat schon vielen geholfen. Es muß aber abnehmender Mond sein, am besten freitags, am allerbesten am Karfreitag. Da standen die Leute stundenlang und warteten. Dem Kind wurden dann Haare, Fuß- und Fingernägel abgeschnitten, alles übers Kreuz eingewickelt. Wohin es getan wurde, weiß ich nicht mehr. Dann wurde das Kind besprochen. Die Worte verstand ich nicht. Nur die Namen Gottes konnte ich verstehen. Ich stand daneben wie ein Heide. Dann habe ich einem Sohn von vier Jahren die Rose im Gesicht besprechen lassen. Das wurde bloß durch Bewegung über der kranken Stelle ausgeführt und geschah auch bei Vollmond.«

Und die Folgen davon? – »Der Sohn wurde so befallen von Finsternismächten, daß wir ihn nicht mehr allein lassen konnten während des Schlafens. Es waren Anfälle, von denen er ganz erschöpft war. Es ging los mit lautem Geschrei und Angst, als wenn etwas auf ihn zukäme, was ihn umbringen wollte. Es war furchtbar, wie das Kind gelitten hat . . .«

Aber von den Folgen soll erst später mehr gesagt werden. –

In all diesen Fällen handelt es sich darum, daß man unter allen Umständen gesund werden will. Nach dem Willen Gottes fragt man nicht. Man will unbedingt das Übel los sein. Da Gott es nicht tut, wendet man sich an den Teufel, ob es einem bewußt ist oder nicht.

Was für eine Überschätzung des Leibeslebens spricht daraus! Dem Herrn ist die Seele viel wichtiger als der Leib. Der Teufel aber macht dem Menschen den Leib und seine Gesundheit so wichtig, daß er um der Gesundheit des Leibes willen sogar bereit ist, seine Seligkeit zu opfern. Was für eine verwerfliche Torheit.

Steht nicht geschrieben, daß »denen, die Gott lieben, alle Dinge zum Besten dienen?« Aber davon will man nichts wissen. In der Geduld, in der Ertragung von Schmerzen sich zu üben, darauf geht man nicht ein: die Zahnschmerzen müssen unter allen Umständen fort! Ja, sie gehen auch fort! Aber das Ende trägt die Last!

Daß Wirkungen erzielt werden auf dem Weg des Besprechens, ist über jeden Zweifel erhaben. In unheimlicher Weise berichtet das ein Brief aus dem Ruhrgebiet. Da schreibt eine gläubige Frau: »Hörten Sie schon einmal, daß jemand durch Besprechen vom Trunk befreit wurde? Man gab mir eine Adresse von einer angeblich gläubigen Frau, die einen bösen Mann habe. Als ich hinkam, war die Frau nicht zu Hause. Der Mann war mir unheimlich; ich setzte mich aber zu ihm und sagte ihm ganz einfach den Heilsweg. Er war ziemlich stumm. Da die Frau nach einigem Warten nicht kam, bat ich den Mann, sie einmal zu mir zu schicken. Sie kam, war mir aber ebenso unheimlich wie ihr Mann. Auf meine Frage nach ihrem Mann sagte sie, er habe früher sehr getrunken, aber er trinke nun keinen Tropfen mehr. Schon glaubte ich, daß mich mein Gefühl getäuscht habe und fragte: ›Ist er Blaukreuzler?‹ ›Nein, aber ich will Ihnen erzählen.‹ Man habe ihr eine Frau genannt, die vom Trunk befreien könne. Zu der sei sie gegangen. Sie habe etwas bezahlt, und dann sei die Frau wohl eine Stunde lang in ein anderes Zimmer gegangen. Als sie wieder erschien, habe sie ihr gesagt: ›Gehen Sie nach Hause, Ihr Mann wird nie wieder trinken.‹ Als sie ankam, lag er krank im Bett, hatte entsetzliches Erbrechen und stand offensichtlich im Kampf mit dem Teufel. ›Siehst du ihn? Nein, er kriegt mich nicht‹ usw. Nach Monaten hat er ein Glas Bier getrunken. Da wiederholte sich dieselbe Geschichte. Seitdem hat er nicht mehr getrunken. – Natürlich sagte ich der Frau, wie verwerflich so etwas sei und wie sie beide nun unter einem Bann ständen. Aber das schien sie nicht zu beunruhigen. Sie war froh, daß sie nun Ruhe hatte. Das Werk des Betrügers von Anfang . . .«

Ja, es gehen Wirkungen aus, wenn Zauberei getrieben wird; aber das ist nicht die Kraft Gottes, sondern das ist die Macht Satans. Gott errettet Trinker durch sein Wort und seinen Geist, der Teufel auf dem Wege der Zauberei, um die armen Opfer um so fester in seine Gewalt zu bekommen. Das ist der Betrug des Satans! Schrecklich für die armen belogenen und betrogenen Seelen! –

Das Osterwasser

Eine besondere Rolle spielt des »Osterwasser«.

Aus einem Dorf in Hessen wird geschrieben: »Hier im Dorf ist es Sitte, daß manche Leute am ersten Ostertag, ehe die Sonne aufgeht, Osterwasser holen in einem fließenden Bach. Dabei darf man mit niemand reden, bis man das Wasser geholt hat. Dieses Wasser wird in ein irdenes Gefäß getan und bleibt dann ein Jahr lang frisch, im Keller aufbewahrt. Man schreibt dem Wasser auch Heilkraft zu.«

Vom Thüringer Wald wird geschrieben: »Am Karfreitag in der Nacht und am Ostersonntag vor Sonnenaufgang holt man Wasser, welches sich hält und nicht schlecht wird. Dieses trinkt man gegen allerlei Gebrechen. Andere waschen sich darin.«

In demselben Brief heißt es: »Andere haben ihre Häuser besprechen lassen, um sie so vor dem Abbrennen zu schützen. Sie haben ein Schreiben, das irgendwo unter oder auf einen Balken gelegt wird. Dann passiert nichts mit dem Haus. Manche machen es auch so mit dem Viehstall, damit dem Vieh nichts geschieht.«

»Neulich starb eine Frau, die häufiger zur Versammlung gekommen war. Sie war sehr alt. Wenn sie mal krank war, dann ließ sie sich ›säen‹. Man nahm dazu einen Blumentopf voll Asche und streute Samen hinein. Was dazu gesprochen wurde, weiß ich nicht. Ging der Same auf, dann wurde sie gesund, wenn nicht, dann starb sie. Als sie jemand auf das Sündliche dieses Treibens aufmerksam machte, sagte sie einfach: ›Aber es hat mir immer geholfen!‹ – Schaurig war ihr Sterben. In den letzten Stunden fing sie von diesen Sachen nochmals an und sagte, sie hätte alles ans Licht gebracht; das machte mich stutzig, und ich fragte nochmals, ob sie auch keinen Brandbrief oder so etwas habe. Sie sagte mir, alles wäre verbrannt. In ihren letzten Augenblicken rang sie mit dem Teufel. Als später der Nachlaß geteilt wurde, war auch ein ›Brandbrief‹ darunter.

Vielfach werden hier auch Kinder ›gestrichen‹. Man sagt, sie wären angewachsen vorn auf der Brust. Deshalb massiert man sie mit Öl und darnach faßt man das Kind unter die Arme und schwenkt es über Kreuz, indem dazu der Name Gottes gesprochen wird.

Wenn man Mitesser hat, dann geht man zu einer Frau, die streicht darüber hin mit einem Stückchen Brot und gibt dann dieses Stückchen Brot einem schwarzen Huhn. Oder man vergräbt es.

Als neulich jemand krank war, wurde ihm geraten, drei Äpfel auf das Fensterbrett zu legen. So wie die Äpfel vertrockneten, so vertrocknete auch die Krankheit.

Bei Neumond darf man nicht Kartoffeln stecken oder Korn säen.«

Ist das nicht ungebrochenes Heidentum? Ist das nicht geradeso wie bei den Römern und Griechen, die ihre Glücks- und Unglückstage hatten?

Der Schluß dieses Briefes, den eine Gemeindeschwester schreibt, lautet: »Die meisten denken nicht, daß es Sünde sei.«

Das ist das Furchtbare, daß man gar keine Ahnung hat, um was es sich bei diesen »guten Ratschlägen« handelt.

Ich weiß von einem alten Bruder, der Versammlungen hielt und zu einem andern Gläubigen sagte: »Wenn du aus Barmherzigkeit damit einem Menschen helfen kannst, dann ist es keine Sünde. Nur wenn dafür Geld angenommen wird.«

Als ob die Sache verändert würde, wenn man Geld dafür nimmt oder sie umsonst geschieht! Es ist ein Zeichen, wie wenig man dies Gebiet noch in seiner ganzen Unheimlichkeit kennt und versteht, daß ein alter Prediger so etwas sagen kann.

Ein alter Bruder schreibt mir, daß seine Frau als junges Mädchen von einem wirklich frommen (!?) Mann besprochen worden sei gegen Kopfschmerzen. Der Mann legte ihr ein Tuch um den Kopf und machte drei Knoten. Dabei sprach er eine lästerliche Zauberformel.

Wie furchtbar, wenn Menschen in dieser scheinfrommen Weise den Namen Gottes mißbrauchen! Wie furchtbar, wenn man – um seine vorübergehenden Kopfschmerzen loszuwerden – sich mit dem Teufel einläßt und das Leben unter einen Bann bringt!

Eine ehemalige Zauberin schreibt: »Ich habe auch an den Augen gezaubert. Vor Sonnenaufgang- und -untergang wird es meist gemacht, entweder unter einem Baum oder in den Mond. Man fährt mit dem Finger ums Auge herum, indem man eine Formel dabei spricht, die drei Kreuze macht und den Namen der Dreieinigkeit ausspricht . . .

Ich habe auch meine Zähne ›verschreiben‹ lassen. Da mußte ich drei Tage einen Zettel an der Backe tragen, ich durfte aber nicht hineinsehen. Dann mußte ich ihn nach Sonnenuntergang entweder rückwärts ins Feuer werfen oder in fließendes Wasser.

Himmelsbriefe und Feuerbriefe

»Ich habe Himmelsbriefe und Feuerbriefe auf der Brust getragen, ebenso die sieben Himmelsriegel (ein bekanntes Zauberbuch) und habe auch andere verführt, das zu tun. Einmal habe ich auf ein krankes Kind den Himmelsbrief gelegt: es ist dann sogleich gestorben.«

Von diesen »Sieben Himmelsriegeln« heißt es in einem andern Brief: »Die sogenannten sieben Himmelsriegel sind auch ein Riegel für manche Seele, die glaubt, daß ihr geholfen werde im Leben und im Sterben, wenn sie diese Himmelsriegel bei sich hat.«

Das 6. und 7. Buch Mose

Ebenso schlimm wie diese »Sieben Himmelsriegel« ist das sogenannte »6. und 7. Buch Mose«, von dem schon die Rede war. Es hat mit Mose gar nichts zu tun. Es ist eine List des Feindes, unter diesem Namen dies Zauberbuch in die Hände von unkundigen Leuten zu schmuggeln, die nicht wissen, was sie tun.

In einem Brief aus Pommern heißt es: »Ich war noch Schulkind, als der Sorgengeist in das Herz meiner Mutter einzog, so daß sie schwermütig wurde. Damals wußte ich nichts von Jesu Blutskraft; ich glaubte, nur Entlastung von den Sorgen könnte helfen. Wir hatten im Hause das 6. und 7. Buch Mose. Ich las viel darin. Auf einzelnes kann ich mich nicht mehr besinnen. Aber eins steht mir noch brennend vor der Seele: Ich schrieb eine – in fremder Sprache angegebene Formel ab, und zwar mit meinem Blut. Diese Schrift legte ich des Nachts unter den Kopf. Auf diese Weise sollte ich die glückbringende Nummer der Lotterie träumen. Auch schrieben wir aus diesem Buch einen Spruch aus Wachs, der wurde meiner Mutter um den Hals gehängt. Dadurch sollte sie gesund werden. Mehrmals unternahm sie Selbstmordversuche. – Sie starb in diesem traurigen Zustand.«

In einem anderen Brief heißt es: »Als ich im Kriege war, hat meine Frau ihren Sohn, der an »Rose« erkrankt war, durch ein Zauberweib besprechen lassen. Früher war meine Frau auch erweckt, ja, sie gab sogar an, bekehrt zu sein; aber seit dem Besprechen ist sie im Glauben ganz zurückgegangen und mit dem Sohn feindlich gegen die Gläubigen geworden. Gegen mich, ihren Mann, hat sie jetzt einen Haß und sucht mich überall schlecht zu machen. Früher besuchte sie auch die Gemeinschaftsstunde;

aber jetzt hat sie dem Prediger beim letzten Besuch in unserm Hause die Tür gewiesen und gesagt, er solle machen, daß er hinauskomme.«

Hier wird schon etwas deutlich von den traurigen Folgen, von denen noch mehr zu sagen sein wird. Ich muß aber noch dabei verweilen, wie man es macht. Ich denke, auf diese Weise wird es jedem klar, der sich schon mit diesen Dingen eingelassen hat oder der davon hört, daß es sich um Kräfte der Finsternis handelt. Denn nach diesen Berichten und Zeugnissen kann doch niemand mehr denken, es handle sich um etwas Harmloses oder gar um Göttliches und Biblisches.

Ein junger Mann, der nervenkrank aus dem Krieg heimgekommen war, bekam den Rat, an drei Feiertagen nacheinander einen Zwetschenbaum anzufassen und dabei einen Zauberspruch zu sprechen.

»Als Kind hat meine Mutter mir in guter Meinung, um mir zu helfen, Herzgespann und manches mehr besprechen lassen«, heißt es in einem Brief aus Sachsen.

Das ist eine Sache, die öfter wiederkehrt, »Herzgespann« besprechen zu lassen.

Aus einem Dorf in Pommern wird geschrieben: »Zaubereisünden bringen auf manche einen Bann. Es gibt in dieser Beziehung hier schauerliche Dinge. Besprechen ist häufig vorgekommen. Man fährt zum Schwarzkünstler oder holt ihn hierher. Man kann wohl sagen, daß das ganze Dorf sich unter einem Bann befindet.«

Wenn man diese Zeugnisse und Berichte liest, dann meine ich, wir bekommen einen tiefen Eindruck davon, daß es sich hier um eine Offenbarung der Macht Satans handelt. Freilich gibt es auch angesichts dieser furchtbaren Tatsachen immer noch Leute, die so denken, wie es in einem anderen Brief ausgesprochen ist:

»Eins kann ich gar nicht begreifen, daß Sie es als eine so große Sünde ansehen, wenn Leute sich besprechen lassen. Ich muß leider sagen, daß es hier sehr Mode ist, aber die allerwenigsten Leute wissen, daß es Sünde sein soll. Ich halte gar nichts vom Kartenlegen und von der Zauberei, aber zum Besprechen bin ich früher auch gewesen. Es sind doch meistens alte, gute (?) Leute, welche das tun. Sie verlangen auch nichts dafür, man gibt freiwillig, soviel man will. Ich habe gedacht, es steht doch auch in der Bibel: ›Sie werden die Hände auflegen und sie werden gesund werden.‹ Es gibt doch viele Fälle, wo der Arzt die Krankheit nicht fand, und nach dreimaligem Besprechen wurde es besser.«

Ob die Schreiberin dieses Briefes und alle, die ähnlicher Meinung sind wie sie, nach diesen Zeugnissen auch noch denken, es sei doch eigentlich nichts anderes als das biblische Handauflegen? Nach diesen Zeugnissen ist es einleuchtend, daß es sich hier um Mächte der Finsternis handelt, die man zum Dienst heranzieht, um dadurch ihrer Macht zu verfallen und unter ihren Bann zu geraten?

Wer es auch nach diesen Zeugnissen noch nicht glaubt, daß »Besprechen« und »Brauchen« Zaubereisünde ist, dem wird es hoffentlich klar werden, wenn ich zeige – auch aus Zeugnissen und Briefen –, was das Besprechen für unheimliche Folgen hat.

Was sind die Folgen?

Das Besprechen hat allerlei Folgen. Was sagen darüber diejenigen, die sich damit abgegeben haben?

Keine Freudigkeit zum Gebet

»Durch Besprechen bin ich in furchtbare satanische Macht geraten, so daß ich schrecklich seelisch und körperlich leide. Auch von Selbstmordgedanken werde ich gequält; ich sehne mich sehr nach Befreiung. Ich bin so unglücklich; ich kann nicht mehr beten, dunkle Nacht ist in meiner Seele. Und ich möchte doch so gern zu ihm kommen, dem Sünderheiland, ohne den mein Leben öde und leer ist.«

Und nun bittet dieser arme Mensch flehentlich um Fürbitte, daß er aus diesem Kerker befreit werden möchte.

In einem anderen Brief heißt es: »Ich kann von dem, was ich in der Bibel lese, nichts behalten. Auch das, was ich in den Gottesdiensten höre und in Versammlungen, dringt nicht in mich. Ich behalte nur sehr wenig davon. Und ich möchte doch so gern alles hören und bewegen in meinem Herzen. Ach, wie vielmal ist mein Wunsch: Wenn ich wieder so glauben könnte wie in meiner Jugend! Woran mag das liegen? Früher habe ich mich besprechen lassen, habe es auch selbst getan . . .«

Das Besprechen ist ganz offenbar der Grund, warum das Verständnis für das Wort Gottes fehlt. Es legt sich wie ein Schleier über die Seele, daß sie das Wort Gottes nicht verstehen kann. Immer gehen andere Gedanken durch den

Sinn, die den Segen des Wortes rauben. Diese Gedanken sind sehr oft Lästergedanken.

Aus Westfalen kommt ein Klagebrief, in dem es heißt: »Bei früheren Krankheiten – vor zwanzig Jahren, auch späterhin noch, aber vielleicht auch schon in meiner Kindheit – bin ich besprochen worden, und diese Sünde versperrt mir den Weg. Oft kommt mir der Gedanke: Ach, laß doch das Beten, es hilft ja doch nicht! Auch kommen mir Lästergedanken, die mich plagen.«

Keinen Frieden

Aus Württemberg schreibt eine verzweifelte Frau: »Ich bekomme keinen Frieden. Ich bete immer wieder um Vergebung der Sünden, und jeden Tag denke ich: Du gehst nicht ins Bett, bis du versöhnt bist mit Gott. Wie manche Nacht habe ich durchgeweint! Ich fühle mich im Kopf so schwach, daß ich fast nicht mehr denken kann. Ich will immer glauben, daß mir der Heiland meine Sünden vergeben hat; aber ich fühle dann so eine schwere Macht auf mir liegen. Ich denke oft: Wenn ich es nur jemand sagen könnte, wie es mir ist. In meinen Armen und Füßen ist es wie eine zentnerschwere Last, und meine Sünden sind Tag und Nacht vor mir. Ach, möchte sich der Herr doch meiner erbarmen! Ich habe so schreckliche Gedanken. Ich will sie nicht haben und sie kommen immer mehr und immer ärger. Seitdem ich mich mit dem Heiland beschäftigen will, kommen sie immer schlimmer. Geh' ich an einem Wasser vorbei, dann heißt es: Wirf dich hinein, dann hast du Ruh! Seh' ich ein Messer liegen, dann heißt es: Schneide dir den Hals ab! Und so plagt mich der Teufel den ganzen Tag und die ganze Nacht. Singen kann ich gar nicht mehr hören, dann muß ich weinen. Dann heißt es: Du darfst nicht mehr singen und vergnügt sein, nimm dir das Leben, dann hast du Ruh! . . . Ich war voriges Jahr bei einer Frau wegen meines Asthmas. Eine andere Frau hatte mir gesagt, sie könne mir helfen. Als Kind mußte ich auch von meiner Mutter aus für meine Schwester und einmal für ein Kind zu so einem Mann. Ach, möchte sich der Herr erbarmen und mich von den schrecklichen Gedanken befreien . . .«

Selbstmordgedanken

Diese »schrecklichen Gedanken« sind sehr oft eine Folge des Besprechens. Entweder äußern sie sich als Selbstmordgedanken oder als Lästergedanken. Manche können an keinem Wald vorbeigehen, ohne die Aufforderung zu hören: Häng dich auf, dann ist es zu Ende! Sie können keine Eisenbahnschienen sehen, ohne daß sie die Stimme hören: Wirf dich vor den Zug, dann hast du Ruhe. Und nur zu oft erreicht der Feind mit diesen schrecklichen Gedanken sein Ziel. Um dem Jammer ein Ende zu machen, wird endlich der Selbstmord verübt.

Lästergedanken

Oder es sind Lästergedanken, die den Menschen quälen. Es sind Gedanken der Lästerung über Gott, über den Heiland, über den Heiligen Geist. Ich mag sie nicht wiederholen, um nicht mich und andere dadurch zu gefährden. Denn der Teufel gebraucht solche Lästerungen gern, um sie dem Gedächtnis einzuprägen, aus dem man sie nicht wieder loswerden kann. Die armen Menschen, die damit geplagt werden, wissen ganz bestimmt: Ich will diesen Gedanken nicht denken, er kommt nicht aus meinem Herzen. Es ist ihnen schrecklich, wenn solche Gedanken kommen, als ob jemand sie ihnen eingäbe und einflüstere. Besonders kommen diese Gedanken, wenn sie die Bibel lesen oder beten wollen oder wenn sie in Kirche und Versammlungen das Wort Gottes hören wollen. Der Feind bringt es dadurch bei manchen fertig, daß sie aufs Bibellesen oder Beten lieber verzichten, um nur nicht von diesen lästernden Gedanken geplagt zu werden. Dann hat er sein Ziel erreicht, denn wenn ein Mensch keinen Umgang mehr mit dem Herrn führt, geht er im Glauben immer mehr zurück und wird ein willenloses Spielzeug in der Hand des Feindes.

Diese Lästergedanken sind eine der unheimlichen Folgen des Besprechens. Wer damit zu tun hat, der kann daraus mit Sicherheit schließen, daß er – vielleicht in früher Jugend – besprochen worden und nun unter den Bann des Teufels geraten ist.

Kein Verständnis für Gottes Wort

Auch das findet sich immer wieder in den Bekenntnissen, daß man kein Verständnis für das Wort Gottes hat, z. B. eine Frau in Württemberg, die auch erzählt, daß sie besprochen worden ist, schreibt: »Ich gehe schon etwa ein Jahr unter Gottes Wort. Ich suche immer frei zu werden, aber vergeblich. Ich könnte darüber viel schreiben, nur das eine will ich sagen: Ich hatte von der Stunde an, als ich unter Gottes Wort kam, etwas im Kopf. Wie ein Schatten war es immer vor meinen Augen. Es waren gewisse Schmerzen, die ich bis jetzt noch nicht verloren habe. Der Teufel hat mir auch lästernde Worte eingeblasen; ich wollte es mit aller Kraft vertreiben, aber vergeblich. Ich fragte dann meine Mutter, ob irgendein besonderer Grund vorliege, und sie sagte mir, daß ich öfter besprochen worden bin . . .«

Eine andere Frau klagt: »Es ist manchmal ein Zustand der Verzweiflung. Will ich auf den Gekreuzigten blicken, dann mahnt mich das Kreuz an meine Schuld und Sünde; daß Jesus um meinetwillen gekreuzigt ist, das drückt mich dann noch mehr. Freilich habe ich mich früher viel mit Sympathie und dergleichen befaßt, und ich glaube auch, daß möglicherweise ein Fluch dieser Art auf meinem Kind liegt, daß es deswegen so nervenleidend ist. Ich war vergangenes Jahr sehr an Gott irre geworden und verbittert. Da fragte mich Gott im Traum, ob ich willens sei, meinen Willen dranzugeben – und ich habe mit ›Nein‹ geantwortet in meinem Trotz. Das quält mich bitter. Ob das vielleicht auch ein Grund zu meiner Schwermut ist? Ich fühle, wenn Gott nicht eingreift, daß ich unrettbar dem Abgrund entgegengehe und schließlich noch Hand an mich legen werde. Denn ich kann nicht mehr kämpfen und will's auch nicht, ich bin's müde. Ich habe schon zu viel durchgemacht . . .«

Mordgedanken

In einem Brief wird um Fürbitte für eine Frau gebeten, die schon jahrelang an der Wahnvorstellung leidet, daß sie jeden vergiften wolle. Sie geht nun jede Woche zum Direktor der nahen Irrenanstalt, um sich von ihm mit Hypnose behandeln zu lassen. Alle seine Versuche, auf die Ursache der Krankheit zu kommen, sind mißlungen. So wagt sich die arme Frau kaum unter Menschen, aus lauter Furcht, daß sie jeden vergiften wolle. Als eine Besucherin mit ihr über die merkwürdige Krankheit sprach, kam es heraus, daß sie einmal, als sie den Brand im Gesicht hatte, besprochen worden ist. Sie ist damals auch auf diesem Weg geheilt worden. Aber das hält die Kranke für nicht schlimm, sie sagt, sie habe daran doch auch nicht geglaubt. Und dabei war sie eine gläubige Frau, Mitglied einer Freikirche. Es ist unmöglich, ihr klarzumachen, daß hier die Ursache des unheimlichen Zustandes zu suchen und zu finden ist.

Das ist ein Meisterstück des Feindes, daß er den Menschen vorredet: »Davon kommt das nicht!« Wenn man das erkennen würde, dann täte man dafür Buße und die Macht des Feindes wäre gebrochen. Das muß er natürlich zu verhindern suchen. Darum sagt er ihnen: »Davon kommt das nicht!«

Und es kommt doch davon. Ich meine, das müsse man merken, wenn man alle diese Zeugnisse und Bekenntnisse liest von den furchtbaren Folgen des Besprechens. Man gerät in den Bann des Teufels, und der wird nicht so leicht durchbrochen.

Furchtbar werden manche gequält, die sich mit dem Feind eingelassen haben:

»Der Feind ist in mein Herz gedrungen und hat es verderbt. Zweifel schlichen sich dann ein, und ich konnte nicht wieder zum fröhlichen Glauben kommen. Jesus versuchte immer wieder, mich zu heilen; aber auch der Teufel setzt jetzt seine ganze Gewalt ein, um mich umzubringen. Die Höllenmaschinen höre ich Tag und Nacht in meiner Stube, die üben einen Einfluß auf meinen Körper aus. Des Nachts ist es mir, als ob die Geister mich fortschafften, um mich umzubringen. Der Herr hat es aber noch nicht zugelassen. Wenn ich doch von dieser schrecklichen Plage wieder frei würde! Mein sehnlichster Wunsch ist, aus dieser Hölle wieder herauszukommen. Immer muß ich über die Stelle nachgrübeln, wo der Herr sagt: Wenn der Baum keine Frucht bringt, wird er abgehauen und ins Feuer geworfen. In dem Feuer bin ich schon jetzt und wünsche nur, daß ich wieder herauskomme!«

Daß doch alle, die sich mit diesen Zaubereisünden einlassen, bedenken möchten, was für furchtbare Folgen es nach sich zieht, wie der Teufel nachher seine Beute quält! Sie würden sich wohl warnen lassen.

Das Furchtbarste enthält wohl der nachfolgende Brief aus Württemberg. Darin heißt es: »Ich geriet in schwere Anfechtung, daraus ich nimmer kommen konnte. In dieser Lage betete ich in einem unbewachten Augenblick: Lieber Satan, mach mich frei! Seitdem liegt mein Leben unter einem schweren Bann und unter Beeinflussung des Teufels. Ach, das arme, kurze Leben so zertrümmert! Ach, die finsteren Mächte, die lästerlichen Gedanken, nimmer weichen sie, trotz allen Bittens und Flehens. Es sind ganz innere Gedanken ohne Aufhören Tag und Nacht. Gilt dieses Wort nimmer: ›Sie haben ihn überwunden durch des Lammes Blut?‹ Diese Bluts- und Geisteskraft belebt und reinigt mich nimmer. Den ganzen Tag gehe ich traurig einher, so voller Jammer und Qual ist die Seele unter diesem schweren Bann. Ach, diese lästerlichen Gedanken wider Gott und den Heiland! Ganz im Innern sind sie, diese unreinen, finsteren Gedanken! Der schwere Bann, kann der nimmer gebrochen werden? Noch einmal möchte ich reines Herzens werden, um dem Herrn folgen und dienen zu können. Das ist mein einziges Verlangen.«

Das sollte keiner überhören, der die Sache für harmlos hält, der, um einen geringen Schmerz loszuwerden, die

Mächte der Hölle in Anspruch nimmt! Der Teufel ist ein grausamer Fürst. Erst lockt er die Menschen in seine Netze, erst spiegelt er ihnen vor, es sei etwas Frommes, es werde ja dabei gebetet und der Name Gottes angerufen, und hinterher höhnt er: »Deine Sünde ist größer, denn daß sie dir vergeben werden möge! Nimm dir einen Strick und häng dich auf!«

Alle, die ihr Zuflucht zu der Hilfe teuflischer Mächte genommen habt, tut Buße und fleht den Herrn an, daß er eure Bande zerreiße! Gott sei Dank: Er ist der Durchbrecher aller Bande!

Aber ehe wir davon reden können, müssen wir uns noch dem Wahrsagen und Kartenlegen, dem Tischrücken und Totenfragen zuwenden und sehen, was dadurch angerichtet wird.

Wahrsagen und Kartenlegen – und die Folgen

Aus der Erfahrung wird berichtet: »Als Kind ward ich von meinem Vater besprochen. Dann beschäftigte ich mich viel mit dem 6. und 7. Buch Mose, woraus ich Zauberformeln abschrieb. Nach dem Tode meiner Mutter, die verzweifelt aus der Welt ging – auch sie stand unter dem Bann des Teufels –, fühlte ich meine Seele bald in Schwermut. Ich konnte mich nicht einmal mehr an der Natur, an dem Licht der Sonne erfreuen. Nur tot sein, das war die Stimme in mir. Gottes Gnade wirkte schon damals an mir, sonst wäre ich umgekommen. In meiner Haltlosigkeit ging ich dann sehr viel zur Kartenlegerin, trug auch längere Zeit einen Himmelsbrief bei mir. Bis in die tiefste Tiefe dieser Sünde bin ich hineingezogen worden.

Vor zwei Jahren durfte ich hier die Stunden besuchen und entschied mich für Jesus. Aus dem Sündenschlamm wurde ich ans Licht gebracht. Ich bin mir wohl bewußt, Jesu Eigentum zu sein und doch fehlt mir die rechte Freude am Herrn. Auch wenn ich an den Tod denke, werde ich unruhig. Mir fehlt die feste Heilsgewißheit. Wie unter einem Druck stehe ich oft, wenn ich fühle, mir fehlt Gottes Kraft. Zu den Stunden gehen, in der Bibel lesen, meist auch das Gebet geschieht nur pflichtgemäß, es kommt nicht aus einem inneren Drange. Wie quäle ich mich ab, mein ganzes Heil in Christus zu haben, und komme nicht weiter.«

Weil da eine Macht ist, die zurückhält und bindet. Aber Gott sei Dank, der Herr Jesus ist der Durchbrecher aller Bande!

Ein junges Mädchen in der Umgebung von Berlin schreibt: »Ich muß offen bekennen, daß mich nicht die Liebe zu Gott, sondern die Furcht vor seinem Gericht in Bann hält. Ich fürchte mich oft so vor Gott, daß mich ein Schütteln erfaßt. Wenn ich dann an Hebräer 10, 31 denke, wo es heißt: ›Schrecklich ist's in die Hände des lebendigen Gottes zu fallen‹, dann wird mir auch nicht wohler. Wenn man eine solche Stellung zu Gott hat, meine ich, dann ist der Unglaube besser, weil man dann doch nichts von Gott weiß. Neulich bin ich sogar zur Wahrsagerin gegangen. Ich glaubte sicher, etwas darüber zu hören, wann und ob ich einmal krank würde. Es sehnt sich mein Inneres so nach Ruhe, bloß um Zeit zu haben, mich voll und ganz Jesu auszuliefern.«

Fürwahr, ein Meisterstück des Feindes! Da sehnt sich ein Mensch darnach, sich dem Heiland auszuliefern, und da redet ihm der Teufel vor, er solle zur Wahrsagerin gehen, um zu erfahren, wann er dazu die beste Zeit hätte! So ist dem Ausliefern an den Herrn der Riegel vorgeschoben und das Leben unter den Bann des Teufels gebracht. Was für ein Betrüger ist doch der Satan!

In einem anderen Brief heißt es:

»Meine Schwiegereltern hatten früher Verkehr mit einer gläubigen Familie. Aber plötzlich wurde jeder Verkehr abgebrochen. Wahrscheinlich wichen sie einer Entscheidung aus. Kurz darnach lernte meine Schwiegermutter von einer Frau das Kartenlegen und vertiefte sich eifrig darin, legte auch für ihre Bekannten Karten. Als mein Mann als Student durch die Christliche Studentenvereinigung zum Glauben gekommen war, geriet sie förmlich in Wut gegen ihn, sie fürchtete, er werde sich durch seine »Frömmelei« seine ganze Laufbahn verderben und betrachtete ihn, als er ihrem strengen Gebot, diese CSV zu lassen, nicht folgte, als ungeratenes Kind. Zeitweise gab sie den Bitten ihres Sohnes nach und las in der Bibel, auch versprach sie ihm, das Kartenlegen zu lassen; aber in der nächsten halben Stunde konnte es deswegen einen argen Auftritt geben. Einmal wollte sie auch Selbstmord verüben. Jetzt geht sie zu den Spiritisten und hat mit dem Christentum in jeder Form völlig gebrochen. Kommt ein Brief von uns, so erzählt uns der Vater, bricht sie, ganz gleich welchen Inhalts er ist und wie liebevoll wir uns zu schreiben bemühen, in Weinkrämpfe aus, weint oft Nächte lang und bekommt Herzkrämpfe. Manchmal schreibt sie uns liebe, herzliche Brief; aber dann kommt plötzlich ohne jeden äußeren Grund ein Brandbrief, und hauptsächlich dann, wenn wir hier irgendeinen besonderen Segen empfangen haben. Das muß sie direkt spüren. Einmal hat sie bei einem ihrer Anfälle, die oft Tobsuchtsanfällen gleichen, uns mit unseren Kindern verflucht. Sie hat das zwar wieder zurückgenommen. Dann hat sie ohne unser Wissen sich bei Spiritisten unsere Zukunft sagen lassen. Mein Mann hat ihr ernstlich verboten, das je wieder zu tun; aber ob sie es nicht trotzdem tut, wissen wir nicht . . .«

Dahin bringt es der Teufel, daß eine Mutter ihren eigenen Kindern flucht. Ist das nicht schrecklich? Anstatt sich zu freuen, daß der Sohn es mit seinem Glauben ernst nimmt in der Nachfolge Christi und auch seine Frau gleichen Sinnes ist, bekommt sie Tobsuchtsanfälle vor Wut. Das bringt der Teufel fertig.

Daß Menschen, die sich haben die Karten legen lassen, nicht zum Frieden mit Gott kommen können, auch wenn sie ihn von Herzen suchen, ist leider die Regel. Eine Frau aus Sachsen schreibt: »Ich habe eine gewisse Bekehrung erlebt, aber ich habe keinen Herzensfrieden, auch keine Heilsgewißheit. Ich habe mich früher besprechen lassen und bin zu Kartenlegern gegangen. Das Büchlein ›Wie werde ich frei?‹ habe ich auch gelesen, aber es hilft nicht. Ach, ich möchte so gern ein fröhliches Gotteskind werden. Alle meine Tränen und Gebete haben bis jetzt gar nichts genützt. Ich möchte so gern frei werden und auch andern in meiner Umgebung zum Segen sein!«

Was ist das für ein Jammer, wenn ein Mensch dem Herrn folgen will, »eine gewisse Bekehrung« erlebt und doch nicht zum Frieden kommt. Es ist gerade, als ob der Teufel sagte: Dich bekehren? Ein Kind Gottes werden? Nichts da! Ich habe ältere Rechte! Du gehörst mir! Da braucht es viel Gebet und Fürbitte, bis dieser Bann endlich aufgehoben wird, bis die Bahn frei ist, daß die Seele zum Frieden kommen kann.

Nicht nur, daß der Teufel die Seele in seinem Bann zu halten sucht, auch den Leib schlägt er, wenn man sich ihm hingegeben hat. So beweist er sich recht als ein Vater der Lüge, der erst goldene Berge verspricht und dann die Menschen belügt und betrügt, wenn sie bei ihm Hilfe gesucht haben.

Eine arme Witwe schreibt: »Es sind schon siebenundzwanzig Jahre her, daß ich an einer fürchterlichen Krankheit leide, und die hat sich nach meinem Wissen durch eine Zauberei meiner bemächtigt. Ich war damals sechsundzwanzig Jahre alt, als sich die Krankheit einstellte, und jetzt bin ich dreiundfünfzig. Ich wurde in all diesen Jahren vom Teufel übel geplagt an Leib, Seele und Geist. In der Schule und im Unterricht habe ich sehr gut gelernt, von Kindheit an fühle ich mich zu Gott hingezogen. Ich lernte viel Bibelsprüche und biblische Geschichten. Da bekam ich es leider, leider mit dem Teufel zu tun. Der schreckte und quälte und ängstigte mich, wo ich war. Große Angst und Schwermut, das war mein Los die ganzen Jahre hindurch. Mein Geist war hin- und hergeworfen, daß ich immer dachte, meinen Verstand verlieren zu müssen. Dazu war ich körperlich krank bis heute. Entsetzliche Anfechtungen und Gotteslästerungen quälten mich schier zu Tode. Ich kämpfte und wehrte mich mit den Sprüchen, die ich auswendig konnte. Ich bat auch hin und her um Fürbitte. Aber nichts hat mir bis dahin geholfen. Ich weiß, daß der Herr mich aus diesem Bann, in dem ich mich immer fühle, erretten kann, daß er dazu die Macht hat, – aber wann soll das geschehen?«

Wie jammervoll, wenn so das ganze Leben hingeht – unter dem Banne des Teufels! Wie ganz anders verläuft unser Leben, wenn wir es dem Herrn Christus ergeben, wenn er unser guter Hirte wird! Dann erfahren wir es auch, was David im 23. Psalm bezeugt: »Er weidet mich auf einer grünen Aue und führet mich zum frischen Wasser. Er erquicket meine Seele und führet mich auf rechter Straße um seines Namens willen.« Hier heißt es: »Er erquickt meine Seele.« In jenem Brief aber heißt es: »Er quält und ängstigt meine Seele.« Was für ein Unterschied! Eine ernste Warnung für alle, die sich mit Wahrsagen und Kartenlegen abgeben.

Ein Bruder teilt mir auch seine Erfahrungen mit und schreibt: »Unter den Zaubereisünden leiden auch viele meiner Landsleute. Sie wissen gar nicht, daß es ein Greuel vor dem Herrn ist. Unlängst kam ich mit einer, wie sie meint, frommen Christin zusammen, die auch überall anzutreffen ist – in der Kirche, beim Pastor in der Bibelstunde, in den Gemeinschaftsstunden – und doch hat sie keine klare Stellung zu Jesus. Ich sprach mit ihr darüber, und da kam es heraus, daß sie sich hat besprechen lassen. Die Tränen rollten, aber zum wahren Frieden kann sie nicht kommen. – Die Zaubereisünde vererbt ihren Fluch auch auf die Angehörigen, und zwar in weitesten Kreisen. Was für trübe und angstvolle Tage hat meine Schwiegermutter erlebt! Sie hat sich mit Kartenlegen und Himmelsbriefen beschäftigt. Nicht allein aber sie hat darunter zu leiden, auch ihr Sohn leidet darunter und ebenso meine liebe Frau und dann noch die nächsten Verwandten. Und das Schrecklichste ist, daß sie zu keiner Klarheit mit Gott kommen können. Sie laufen alle Versammlungen ab, angefangen mit der Kirche bis zu den Scientisten und Adventisten. Was für ein Fluch liegt darauf, wenn man zur Klarheit kommen möchte und kann nicht, weil die alte Zaubereisünde die Seele hindert und bindet, weil man dieselbe nicht als Sünde erkennt und bekennt! Meine Tante ist eine Sklavin des Kartenlegens und anderer dunkler Machenschaften. Sie zittert, wenn sie keinen Schnaps und Tabak hat. Ihr Sohn steht unter des Satans Macht, ebenso auch seine Frau. Es ist furchtbar, was die Zauberei alles anrichtet! Mein Bruder ist ein Magnetopath. Ich weiß nicht recht, was ein Magnetopath ist; aber als ich auf seiner Reklame las: »Kein Beten hilft«, da wußte ich genug. Von Gott will er nichts wissen, das lesen wir aus seinen Briefen. Und das ist ein leiblicher Bruder!«

Aus Baden kommt ein Bericht, in dem es heißt: »In der Nachbarschaft wohnte eine alte Frau, eine Kartenlegerin, von der allgemein gesagt wurde, daß sie die Zukunft voraussagen könne. Meine Mutter mit ihrem unruhigen Herzen wandte sich nun, anstatt mit der Großmutter zu dem rechten Helfer zu gehen, an die Kartenlegerin, und diese kam dann immer sonntags zu uns ins Haus. Die Großmutter schalt und bat: ›Laß mir diese Frau aus dem Hause! Ich bin nicht mehr instande zu beten, das ganze Haus ist voll böser Geister!‹ Ich war die Jüngste, ich war vom sechsten Jahre an sehr krank, hatte immer Asthma. Als ich erwachsen war, nahm die Mutter ihre Zuflucht zur Kartenlegerin, um zu erfahren, ob ich einen Mann bekommen würde. Als ich fünfzehn Jahre alt war, starb die Großmutter, und nun war der Gebetsgeist aus dem Wege, und der Teufel konnte sich frei entfalten. Schließlich ließ ich mich dazu verleiten, mir auch die Karten legen zu lassen, ich dachte, es komme auf eine Sünde mehr oder weniger nicht an. Da sagte sie mir mein ganzes vergangenes Leben und einen Teil von meiner Zukunft voraus. Aber dann sagte sie: Jetzt ist's, als wenn mir ein Blatt vor das Auge gehalten wäre, ich sehe nicht mehr weiter. Mehr kann ich dir nicht sagen. Und tatsächlich hat sie mir mein Leben gesagt bis zum Tag meiner Bekehrung, also solange ich selbst dem Teufel angehört habe. Einige Tage darauf fiel sie die Treppe hinunter und brach das Genick. Da befiel mich eine große Angst. Ich war oft so schwermütig, daß ich glaubte, ich komme um meinen Verstand. Der Boden war mir geradezu unter den Füßen weggezogen. Unsere ganze Familie wurde auseinandergerissen. Meine Mutter und ein Bruder gingen nach Amerika. Ich selbst ging später auch hinüber, kam aber bald wieder zurück. Nun geht es mir ganz merkwürdig: Wenn ich anfange, für jemand zu beten, werde ich sehr krank, bekomme Fieber und Asthma. Ich war schon dem Sterben nahe. Ich habe Angst vor dem Kranksein, weil es oft bis zu einer gewaltigen Höhe geht. Plötzlich bin ich dann wieder gesund. Mit meiner Schwester geht es auch durch allerlei hindurch. Sie kam so weit, daß sie wie verblödet umherging, so daß man gar nicht weiß, was werden soll.«

Was bringt doch diese Sünde für einen Bann auf ganze Familien und sogar auf kommende Geschlechter.

Noch einen Jammerbrief will ich hier veröffentlichen. Dann kann wohl jeder wissen, was für Folgen es hat, wenn man sich mit dem Teufel einläßt durch Kartenlegerei und Wahrsagerei.

»Die Nervenplage ist so groß, daß ich meinte, den Verstand zu verlieren. Als Kind hat meine Mutter mich öfter besprechen lassen in der guten Meinung natürlich, mir zu helfen. Ich habe ernstlich mit ihr darüber gesprochen und sie hat es auch als Sünde erkannt. Doch ist sie lau und nur, wenn sie wieder Zeuge meiner schrecklichen Qualen sein muß, erwacht ihr Gewissen, dann weint sie und betet wohl auch; aber wenn es mir besser geht, wenn Pharao sozusagen Luft gekriegt hat, ist wieder die alte Gleichgültigkeit da . . .«

Es ist nicht möglich, den Brief weiter abzudrucken. Selbstmordversuche und Verzweiflung, Spiritismus und Hypnose und nun völliger Zusammenbruch der Nerven, das ist der Inhalt dieses trostlosen Schreibens. So einen Brief liest man schnell. Aber wenn man sich vorstellt, daß alles, was da geschrieben steht, ein Mensch erlebt, erleidet, schmerzt es ungemein. Ich freue mich meines Heilandes, ich freue mich, ihm leben und dienen zu dürfen, ich erfahre, was er für ein Hörer des Gebets, was er für ein guter Hirte ist, und da gibt es Menschen, die werden währenddessen vom Teufel übel geplagt mit Schwermut und Selbstmordgedanken, mit körperlichen und seelischen Qualen, das greift ans Herz! Man sollte, viel mehr als es geschieht, für diese armen Opfer des Feindes beten, die z. T. sogar ohne eigene Schuld in seinen Bann gerieten, weil eine unverständige Mutter sie in der Kindheit besprechen ließ. Wer sagen kann: »Die Freude am Herrn ist meine Stärke«, der denkt zugleich im Gebet an die armen Opfer, die der Kerkermeister gebunden und gefangen hält, die an ihren Ketten rasseln und gern frei werden wollen. Nehmt es als eine heilige Last auf euer Herz und Gewissen, für solche Gequälten einzutreten, daß Christus sich auch ihnen erweise als ein Durchbrecher aller Bande!

Was der Spiritismus anrichtet

Auch hier lasse ich Bekenntnisse und Zeugnisse von solchen folgen, die sich mit Totenfragen, Tischrücken usw. abgegeben haben.

Eine Frau schreibt mir: »Von etwa zwanzig Jahren an habe ich Karten gelegt und auch das Totenfragen getrieben. Es kamen viele Menschen zu mir. Es traf auch viel ein. Da ich arm bin und das Geld sehr notwendig brauchte, dachte ich dazumal, es wäre eine unschuldige Sache. Ich habe es mehrere Jahre lang getrieben, dann besuchte mich eine Frau aus der Gemeinschaft, die mich bat, es zu unterlassen. Es wäre eine böse Sache. Sie nahm mir das Buch weg, nach dem ich die Toten befragte, und auch die Karten. Ich fand dann wochenlang keine Ruhe. Ich gelobte unter vielen Tränen Gott, es nicht mehr zu tun. Von dieser Zeit an ging ich in die Gemeinschaft. Mein Mann wollte es nicht leiden, ich ließ mich aber nicht hindern. Kurz vor seinem Tode fragte ich ihn wieder einmal, ob er nicht mitginge. Eine schreckliche Lästerrede gegen Gott war die Antwort. Kurz darauf wurde er nach Hause gebracht – verunglückt. Er hatte seinen Verstand bis zur letzten Minute, er konnte aber nicht sprechen. Ich warf mich Gott zu Füßen und bat ihn, ihm seine Sünden zu vergeben. Er sollte sie lieber auf mich legen. Dabei rollten meinem Mann die Tränen übers Gesicht. So verschied er.

Von dieser Stunde an hörte ich allerlei Töne im Zimmer, deren Ursache ich mir nicht erklären konnte. Ich hatte aber keine Furcht, weil ich schon angefangen hatte, mich auf den Herrn zu verlassen. Ich muß noch bemerken, daß ich, als ich noch die Karten legte, in meiner Stube bei verschlossener Tür oft allerlei schwarze Gestalten sah und Lärm in der Stube vernehmen mußte.«

Auch jetzt ist diese Frau noch nicht frei, wie sie klagt. Eine Schwester, die sie öfter besucht, schreibt, es sei ihr dort ganz unheimlich geworden und sie fragt: »Ruht wohl ein Bann auf ihr?«

Bestimmt ruht ein Bann auf ihr. Was sagt doch Gottes Wort vom Totenfragen und Wahrsagen? »Wer solches tut, der ist dem Herrn ein Greuel.«

Glasrücken

Ein Brief aus Berlin erzählt vom Glasrücken und wie es dabei zugegangen ist. »Durch Bekannte im Haus wurden wir, meine Frau und ich, mit dem Glasrücken bekannt. Wir wußten: Spiritismus ist vom Teufel und hätten uns nie mit solcherlei Sachen befaßt. Aber diese Art war uns ganz neu. Das Glas bewegte sich von einem Buchstaben zum anderen auf einem Alphabet, das auf Papier geschrieben war. Es meldeten sich Namen und Geister der Verstorbenen. Auf jede Frage wurde geantwortet und jeder, der im Zimmer war, erhielt Antworten.

Nun sagten wir uns beide: Es muß sich offenbaren, was für eine Kraft das ist. Wir suchten Gott und fühlten uns gefeit gegen Anschläge des Bösen. Aber in unseren Herzen stand es noch nicht recht mit ihm, sonst wären wir nicht in diese Sündentiefen hineingeraten. Wir hatten noch nicht Buße getan, wir waren noch nicht bekehrt, doch wir suchten Gott aufrichtig.

Wir glaubten: Gott kennt unser Suchen, und hier in unserer Wohnung muß sich offenbaren, durch wessen Kraft das

Glas gerückt wird. Wir sollten diese Kraft erfahren, aber anders, als wir es gedacht hatten. Also meine Frau und ich versuchten es allein. Jetzt begann ein mächtiges Kämpfen. Wir wiesen alle sogenannten Geister der Verstorbenen ab und wollten erfahren, wer mit uns redet. Nun ging das Glas mit einer ungeheuren Kraft auf der Platte hin und her, zog Kreise usw., drängte auch Buchstaben wieder zurück. Wir wiesen alles Teuflische ab und riefen den Geist der Wahrheit. Es sollte uns nichts antworten, was vom Teufel wäre. Darauf wurde zögernd, aber klar geschrieben: ›Ein Bote Gottes.‹

Von nun an wurden uns unsere Gedanken gesagt. Wenn wir zweifelten, hieß es sofort: ›Vertraut, ich bin ein Bote Gottes. Gott offenbart sich euch, weil ihr Gottsucher seid. Gott offenbart, wem und was er will.‹«

Dann kamen viele Botschaften: das Ende der Welt stehe vor der Tür und sie sollten Gottes Werkzeuge werden. Als Propheten sollten sie der Welt die letzte Botschaft bringen, ehe das Gericht hereinbreche. Das Ehepaar glaubte wirklich, der Herr Jesus spräche mit ihnen. Tage- und wochenlang standen sie unter diesem Einfluß. Die kleine dreijährige Tochter, so sagte der angebliche Bote Gottes, wolle er persönlich heimholen, dann sollten sie mit dem elfjährigen Sohn ihr Prophetenamt antreten. Sie vergaßen Essen und Trinken, gaben auch den Kindern nichts zu essen, so sehr standen sie unter diesem Bann. Es wurde immer ärger. Schreckliche Unsauberkeiten mußte die Frau nachsprechen, die in ihrem Herzen sein sollten. Dabei sagte sie: »Wenn dies in meinem Herzen gefunden ist, so hat es der Teufel hineingelegt, denn ich bin es nicht.« Dabei wurde das Glas sehr unruhig.

Endlich, endlich erkannten sie, daß es der Teufel war, mit

dem sie sich eingelassen hatten, der sie betrogen hatte. Sie sagten sich von allem Teufelswesen los. Zwei Tage darauf wurde die Frau von der teuflischen Macht hin- und hergerissen, wie es von jenem Besessenen in der Bibel berichtet wird. In ihrer Angst rief sie: »Jesu, du Sohn Davids, erbarme dich mein!« Da wich die Macht. Und heute rühmen sie, frei zu sein von dem Banne des Teufels.

Das war das »unschuldige« Glasrücken!

Was für unheimliche Dinge sich abspielen, wenn man mit Spiritismus sich abgegeben hat, das berichtet eine Schwester, die einen jungen Mann pflegte, der sich mit Spiritismus abgegeben hatte. Sie hat ihm aus dem Wort Gottes vorgelesen und bei ihm gewacht. Am anderen Tag, so schreibt sie, konnte sie nicht viel beginnen, da hat sie nur still gebetet. Von der Nachtwache berichtet sie: »In der Nacht, als ich bei ihm war, sah ich einmal, als ob Flammen hochschlügen. Zuletzt rauchte es vor seinem Bett und ich sah jemand, der die Arme ausbreitete und die Flammen abwehrte. Ich aber lag wach auf einem anderen Bett und betete.«

Ein Bruder berichtete von Leuten, die sich früher mit Spiritismus und Magnetismus abgegeben, sich nun aber davon losgesagt haben.

Magnetismus

»Der Mann war nebenher Magnetiseur. Er wurde es, nachdem er Spiritist geworden war. Der Geist hatte ihm viel Gewinn dadurch versprochen, wenn er diese Tätigkeit ausübe. So kam er in die Sache hinein. Seine Frau wurde Medium in einem spiritistischen Zirkel.

Bekam er einen Kranken, mit dem er nichts anzufangen wußte, so ging er erst ins Nebenzimmer, um zusammen mit seiner Frau auf spiritistischem Wege seinen ›Führer‹ (Geist) zu befragen. Dieser gab ihm dann genau die Krankheit an und ob er heilen könne.

Dieser Mann erklärte auch, daß ein Magnetiseur mit seiner eigenen magnetischen Kraft höchstens drei bis vier Leute täglich behandeln könne, dabei bekommen die letzten Patienten nicht mehr die Kraft, die die ersten erhielten. Seine Kraft ist erschöpft. Um mehr Kranke behandeln zu können, holte er sich neue Kraft bei den Geistern. So konnte er dann den Tag hindurch soviel Kranke behandeln, wie er wollte. Seine Kraft erlahmte nie, denn sein ›Führer‹ gab ihm stets neu, soviel er bedurfte.

Auch weiß ich von einem Hypnotiseur und Magnetiseur, der in seinem Zimmer gleichzeitig mehrere Patienten auf Ruhebetten liegen hatte und zwischendurch immer wieder hinausging, um sich ›Kraft‹ zu holen, wie er sagte. Durch welche Mittel er das tat, das verschwieg er wohlweislich.

Als meine Frau und ich das erste Mal die erstgenannte Familie besuchten und mit ihnen beteten – auch die Frau betete an jenem Abend –, kam von dem Tag an kein einziger neuer Patient mehr. Auch wurde die Frau von da an von den Geistern bei den Sitzungen als Medium abgelehnt. So ging es vierzehn Tage, bis wir zu einem Zirkelabend eingeladen wurden, um dem Teilnehmerkreis Aufklärung in der Sache zu geben. Unter viel Gebet gingen wir hin. Gott gab Gnade. Fast alle Teilnehmer bis auf drei oder vier wurden überzeugt und sagten sich davon los. Sie besuchen jetzt unsere Versammlung. Der Zirkel ist endgültig aufgehoben.«

Aus diesem Bericht kann man ersehen, wie gefährlich die Beschäftigung mit Hypnose und Magnetismus ist.

An dieser Stelle muß ich noch von einer merkwürdigen Bewahrung berichten, die einer erfahren hat, der sich einem Magnetopathen in Behandlung begeben wollte. Als er an das Haus kam, las er an der Haustür u. a.: Durch magnetische Kraft, durch Gedankenübertragung und Lebensübertragung würden die sichersten Heilerfolge erreicht. Es war ihm, als ob ihn eine höhere Macht mit aller Gewalt festhalten wollte. Er stutzte und überlegte; aber dann ging er doch hinein. Im Wartezimmer sah es aus, als ob er in ein entschieden christliches Haus gekommen wäre. Da befanden sich allerlei christliche Wandsprüche wie: »Auf Adlers Flügeln getragen« und »Wirf dein Anliegen auf den Herrn« und sogar ein Neukirchner Abreißkalender. Es war ihm jedoch ganz sonderbar zumute, und das Mißtrauen wurde immer stärker. Außer ihm war niemand da. Da wurde er Ohrenzeuge eines Auftritts zwischen dem Magnetopathen und dessen Frau. Jedes Wort konnte er verstehen, so laut wurde gesprochen. Der Mann fluchte und schimpfte, daß es den Hörer im Wartezimmer anekelte. Dann kam das Entscheidende. Die Frau sagte u. a.: »Du hast dich dem Satan schon lange verschrieben; ich halt's nicht mehr aus! Wenn ich die Kinder beten lehre, dann sagst du, das sei Quatsch! Glaubst du denn, das schmerzt mich nicht?«

Nun hatte der Hörer den Wink Gottes verstanden. Er zog seinen Mantel an, nahm seinen Hut und ging nach Hause, indem er sich sagte: »Lieber leidend bleiben, wenn der Herr will, als ein Satansleben übertragen bekommen«

Das Zeugnis schließt mit den Worten: »Wie glücklich bin ich, daß Gott mich so bewahrt hat! Es tut mir weh, wenn ich daran denke, wie viele dort ihr Leiden loswerden – um auf ewig mit den schrecklichen Qualen gebunden zu werden!«

Gefahr durch Experimentalvorträge

Man kann schon durch das bloße Anhören von Vorträgen über diese Dinge unter den Bann einer finsteren Macht kommen. Solche Neugier ist eine gefährliche Sache. Das beweist der folgende Brief.

»Vergangenes Jahr wurden in C. Experimentalvorträge gehalten über Hypnose, Suggestion und Spiritismus. Über jedes Gebiet wurde ein Vortrag gehalten; die drei zusammen bildeten eine Serie. Einem solchen Vortrag über Hypnose wohnte ich bei. Die Eintrittskarte mußte ich mit genauer Adresse versehen. Dann wurde mir die Karte am Eingang abgenommen. Zu Beginn forderte der Hypnotiseur alle Anwesenden auf, ihn anzusehen und den Willen zu übergeben, die Hände zusammenzulegen mit dem Gedanken, ihm zu folgen. Sie brächten dann ihre Hände nicht mehr voneinander. Das wiederholte er zweimal mit den Anwesenden und hatte auch einigen Erfolg. Nun nahm er sieben Personen, an denen er seine Experimente machte. Er versetzte sie in einen tiefen Schlaf und in diesem Zustand machte er schier unglaubliche Sachen mit ihnen. Natürlich war ich Feuer und Flamme für diese Sache und erzählte es meinen drei Schwestern, welche bekehrt sind. Die sagten mir, das wäre Teufelswerk; aber das glaubte ich nicht. Als ich nun eines Abends kurz darauf zu Bett ging, konnte ich nicht einschlafen. Auf einmal fing die Zimmertür an zu zittern und zu beben wie bei einem Erdbeben. Ich rief meine Schwester im Nebenzimmer:

›Was ist denn das?‹ Ich bekam die Antwort: ›Das weiß ich auch nicht!‹ Die Tür bebte immer stärker; ich sprang von meinem Lager auf und machte Licht. Es wurde aber nicht besser. Jetzt wurde mir die Sache unheimlich und ich rief meiner Schwester zu: ›Bete doch!‹ Sie fing an zu beten, aber die Sache verschlimmerte sich noch mehr. Da auf einmal fiel mir die Bibel ein. Ich rief: ›Lies in deiner Bibel!‹ Sie las, was ihr der Herr gerade eingab. Aber ich verstand kein Wort, denn solange sie las, stampfte jemand auf dem Gang vor dem Hause, was mein ganzes Gehör in Anspruch nahm. Nun fing sie wieder vorn an – und was hörte ich da? Kol. 2, 8: ›Sehet zu, daß euch niemand beraube!‹ Als ich das hörte, fuhr etwas in mich und ich wußte, daß ich ein vom Teufel Verführter und Beraubter war. Jetzt kam das Schrecklichste. Als ich erkannte, daß es der Teufel war, fuhr es in mich wie ein elektrischer Strom und ich lag da in einem Krampf und wälzte mich. Da rief meine Schwester: ›In Jesu Namen muß er hinaus‹; – und die finstere Macht war fort. Nun betete ich und noch ein Bruder, der mit uns gut befreundet ist. Der Herr erhörte unser Gebet. Als wir am andern Abend beisammen saßen, fuhr die teuflische Macht wie ein Blitzstrahl zum Fenster herein und packte mich wieder wie am Tag zuvor; aber der Bruder trug mich in Fürbitte vor den Gnadenthron und unter das Blut Jesu Christi. Da wurde ich frei von diesen schrecklichen Banden und Ketten.«

Wie viele denken, daß sie überall dabei sein und alles »prüfen« müssen. Aus dieser Geschichte können sie sehen, wie gefährlich das ist. Reicht man dem Teufel nur den kleinen Finger, dann nimmt er die ganze Hand, wie es im Sprichwort heißt. Und wenn es nur bei der Hand bliebe! Er nimmt den Leib und die Seele in Besitz. Das ist das Furchtbare. Darum hüte man sich doch ja vor solchen

Veranstaltungen und Vorträgen! Wie schnell ist man »Feuer und Flamme«, wie schnell ist man gefangen! Und dann trägt das Ende die Last.

Hypnose

Daß die Hypnose nicht so harmlos ist, wie vielfach angenommen wird, das beweist auch der folgende Brief.

»Durch die Unterernährung in den Kriegsjahren wurde ich von einer großen Nerven- und Körperschwäche befallen, die mich hinderte, meinem Beruf wie bisher nachzugehen. Nach verschiedenen erfolglosen ärztlichen Beratungen begab ich mich in die Klinik eines Nervenarztes, ohne mich vorher weiter nach seiner Methode zu erkundigen. Man ist ja als Kranker viel weniger umsichtig als im gesunden Zustand, und der Arzt war ein älterer, menschenfreundlicher, vertrauenerweckender Herr, der mir ganz sympathisch war und mein Leiden recht gut verstand.

Er trat am ersten Tage an mein Bett und bat mich, ihm recht fest in die Augen zu sehen. Dann stellte er meinen rechten Arm bis zum Ellenbogen aufrecht und begann ungefähr folgendes Selbstgespräch: ›Sie sehen mich an und ein beruhigendes Gefühl durchströmt Ihren Körper, Sie werden ganz stille und müde, und wenn ich jetzt meine Hand auf Ihre Stirn lege, so schlafen Sie. Das Schwitzen muß aufhören, Sie fühlen sich ganz wohl und werden wieder kräftig. Sie versuchen, die Hand herunterzulegen, aber es gelingt Ihnen nicht. Sie schlafen ganz fest.‹ Ich mußte innerlich lachen über diese Worte, denn ich war genauso wach wie sonst, ich fühlte mich gar nicht wohler, und ich hätte die Hand sehr gut herunterlegen können, wenn ich gewollt hätte.

Von der zweiten Behandlung an bekam ich jedesmal um vier Uhr morgens böse, mein ganzes Innere erschreckende Träume. Einmal empfand ich, zur selben Zeit wachend, obwohl alles im Zimmer ganz friedlich war, ein solches Grauen, als ob Höllengeister um mich herum wären.

Der Arzt erklärte mir diese Zustände als eine Krise meiner Krankheit, die sich infolge seiner Behandlung zeige und bald vorübergehen werde. Allerdings, so meinte er, andere Kranke merkten davon kaum etwas. Ich konnte mich mit dieser Erklärung nicht beruhigen, ich fürchtete mich vor jedem neuen Morgen und flehte zu Gott, er möge mir Licht geben, was das alles zu bedeuten habe und was werden solle. Ich sagte ihm, daß ich willig und völlig nur ihm angehören und dienen wolle, er möge mich vor allem Bösen bewahren. Auch vor der Behandlung war mir immer der Gebetsseufzer um gnädigen Schutz aus dem Herzen gekommen, ebenso konnte ich oft mitten in den beängstigenden Träumen rufen: ›Herr Jesu, hilf mir!‹ oder ›Jesus ist da!‹, worauf dann der Spuk allmählich wich und ich wach wurde. Ja, Gott hielt seine Gnadenhand über mir und sehr bald wurde mir auch folgende Klarheit:

Du hast bei deiner Bekehrung Gott deinen freien Willen hingegeben und ihm untergeordnet, jetzt will ein Mensch, der ohne Gott lebt, denselben Willen unter seinen Einfluß bringen und beherrschen – das läßt Gott nicht zu und will dir zeigen durch alle Schrecken, unter was für Mächte du kommst, wenn du nicht dieser fremden Beeinflussung ein Ende machst. – Wie atmete ich dankbar auf über dies Licht. In aller Schwachheit konnte ich dann dem Arzt meinen Glaubensstandpunkt und die schädliche Wirkung seiner Behandlung erklären. Er hörte mir gütig lächelnd zu, konnte meinen Gedankengang natürlich nicht verstehen. Er suchte mich zu halten und zu täuschen, indem er seine Behandlung für rein äußerlich erklärte. Aber ich fühlte, daß das nicht stimmte, und entschloß mich kurzerhand, nachdem ich noch eine Freundin, die bewußt im Glauben an Christus steht, um Rat gefragt hatte, die Klinik zu verlassen.«

Recht so! Gott hat uns unsern freien Willen nicht dazu gegeben, daß wir ihn einem Menschen ausliefern, von dem wir gar nicht wissen, wie und in wessen Diensten er diese Macht über uns gebrauchen wird. Es bleibt für Gotteskinder dabei: »Mein Wille gehört meinem Gott, ich traue auf Jesum allein.«

Was den Spiritismus und seine Folgen angeht, so berichtet darüber ein Brief aus Berlin folgendes:

»Auf dem Gebiet des Spiritismus hat Herr V. die Erfahrung machen müssen, daß ein Geist, der sich für seine verstorbene Mutter oder Schwiegermutter ausgab, ihn jahrelang belogen hat, was diese bei Lebzeiten nicht getan hätte. Die Folgen in der Familie V. waren schrecklich. Die Frau starb vorzeitig an einem unerklärlichen Leiden nach entsetzlichen Qualen. Sie hatte am ganzen Körper Brandmale, rötliche, schmerzhafte Druckstellen bekommen. Kein Arzt konnte helfen. – Das gleiche Leiden bekam ein Herr, der den Spiritismus erforschen wollte, um darüber Vorträge halten zu können.

Als ich das gleiche Leiden bei einer bekehrten Dame bemerkte, die völlig erschöpft davon zu Bett lag, fragte ich sie nach Zaubereisünden, und sie bekannte ihre Schuld auf diesem Gebiet. Ich verbrannte sofort alle Bücher dieser Art, die sie in ihrer Wohnung hatte. Nach Handauflegung und Gebet war sie sofort neu belebt und stand am andern Tage gesund auf, nachdem es vorher noch in ihrer Wohnung laut gespukt hatte.«

Wenn Spiritisten unter das Wort Gottes kommen – so hat dieser Bruder beobachtet –, dann fallen sie entweder sofort in tieferen Schlaf oder sie störten durch andauerndes Gähnen, oder aber bei Besessenheit offenbaren sich die Geister durch laute Zwischenrufe, durch Tobsuchtsanfälle, Zukkungen der Glieder. In einem Fall verlor ein junges Mädchen unter krankhaften Zuckungen für Stunden die Sprache.

Es gibt Wahrsager, die durch Totenbeschwörung wahrsagen. Eine solche Wahrsagerin in Berlin hat ein Schild an ihrer Tür hängen mit Preisangabe für das Heraufbeschwören eines Geistes. In der Nähe von geisterfüllten Menschen offenbaren sich solche Menschen als Besessene durch Anfälle, durch starres Ansehen, durch Fliehen oder Ausspeien und Schlagen nach den Gläubigen. Wie töricht und gefährlich ist es doch zu sagen: Aber man muß eben alles kennenlernen! Ich meine, durch solche Geschichten sollte man sich warnen lassen. Doch immer wieder eilen die Menschen zu solchen Sitzungen, wie die Motten ums Licht fliegen, bis sie mit verbrannten Flügeln zu Boden fallen.

Wie sich der Teufel in einen Engel des Lichts zu verkleiden vermag, das zeigt der folgende Brief, der von okkulten Sitzungen und Zusammenkünften handelt, in denen Paulus, Luther und andere erschienen, um Mitteilungen an die Teilnehmer zu machen. »Das Merkwürdigste ist dabei, daß es sich in allen Stunden nur um eines dreht, und dieses eine ist – Jesus. Wie soll man sich da zurechtfinden? Sie bleiben dabei: Es ist das Werk des Heilands. Was soll man da tun? Ein sogenanntes Totenfragen nach biblischer Auffassung ist ausgeschlossen, weil die Besucher gar nicht wissen, wer sich einschaltet; manche Stunden meldet sich niemand trotz Gesang und Gebet. Jeder muß abwarten, was geschieht. Alle Anwesenden sind ›gläubig‹. Zweifler werden ersucht, lieber wegzubleiben. Alle stammen aus einfachen Arbeiterkreisen, das Medium ist eine Frau von siebzig Jahren, im gewöhnlichen Leben eine einfache Frau mit einfacher Redeweise. Es ist mir stets unerklärlich gewesen, wie sie imstande ist, eine gutgesetzte Rede nach Diktat niederschreiben zu lassen; eine solche Verstellungskunst kann ich ihr nicht zutrauen . . . Und nun eine Probe der niedergeschriebenen Diktate. (Ich gebe sie so wieder, wie sie mir vorliegen, mit den Satz– und Sprachfehlern. Daraus geht schon hervor, daß die Einfachheit des Mediums doch nicht ganz ausgeschaltet ist.): ›Im Namen mein Gott, euer Heiland und Erlöser, kommt mein Geist euer Bruder Paulus. Höret! Es sind hier Seelen, die noch nicht die richtige Ansicht hier zu diesem Werk haben. Aber hütet euch, damit ihr nicht bei eurer falschen Ansicht lau und nachlässig werdet. Meine lieben Seelen: Schließt euch fest an Vater Jesu an, sonst verfallt ihr in Kleinmut. Denn, meine lieben Seelen, solange die Sonne des Glückes euch scheinet und alles nach eurem Wunsche geht, da seid ihr fröhlich und wohlgemut und freut euch des lieben Vaters. Wenn aber die Aussicht der Zukunft immer trüber wird und kein erquickender Lichtstrahl in dieses Dunkel fallen will, und nicht gleich die Hilfe in der Not erscheint, wie ihr es oft wünscht, dann fangt ihr an zu schwanken bei jedem Schritt, den ihr tun wollt, weil ihr das Schlimmste fürchtet. Darum, meine lieben Seelen, wenn euch auch manchmal die Nebel umgrauen, so sollt ihr stark sein im Vater Jesu und vorwärts schreiten, dem Licht entgegen. Gott zum Gruß! Auf Wiedersehen!‹«

Und das soll ein Paulus gesagt haben? Solche platten Trivialitäten soll er mitgeteilt haben, die sich jeder Mensch selbst sagen kann? Und er sollte von »Vater Jesu« geredet haben? Wer nur ein wenig biblisch zu denken gelernt hat, der weiß, daß es sich hier um eine ganz plumpe Täuschung handelt. Aber warum verwandelt sich denn der Teufel in so einen Lichtsengel und redet, als ob er Paulus wäre? Sehr einfach. So werden diese suchenden Seelen am besten abgebracht vom wirklichen und wahren Glaubensleben und vom einfachen und nüchternen Lesen des Wortes Gottes. Seit fünfzehn Jahren kommt dieser Kreis schon zusammen. Was hätten diese Leute tun können, wenn sie zum wirklichen Glauben gekommen wären, wenn sie einen wirklichen Dienst für Gott getan hätten! Davon hat sie nun der Teufel durch diesen frommen Betrug abgehalten.

Lichtstimmen

Ganz ähnliche Erfahrungen wie hier mit dieser okkulten Gemeinschaft macht man mit den Lorberianern, die auch ihre »Lichtstimmen« haben und die Bücher ihres »Vatermediums« Lorber weit über die »dünnen, dürftigen Hefte der Evangelien« stellen.

Jakob Lorber war ein Musiker in Graz, der in der zweiten Hälfte des vorigen Jahrhunderts lebte. Eines Tages hörte er in seinem Innern, in der Nähe des Zwerchfells, eine diktierende Stimme. Er schrieb nach diesem Diktat ein Buch nach dem anderen, z. B. ein mehrbändiges Johannesevangelium, in dem in tagebuchartiger Weise Mitteilungen über jeden Tag des Lebens Jesu gemacht werden. Ich habe verschiedentlich versucht, dieses Werk, das ich besitze, zu lesen. Es war mir aber nicht möglich, der Ekel, der mich vor dieser Entweihung des Heiligen befiel, war zu groß. Und diese angeblichen Offenbarungen des »Vater Jesus« stellen die Lorberianer neben Jesaja und Jeremia! Aber jene waren Männer Gottes, voll des Heiligen Geistes, während Jakob Lorber nur ein Schreibmedium war.

Ein Bruder schreibt mir: »Der Teufel denkt auch an solche Weltkinder, die sich im Gewissen gedrungen fühlen, ein gottgefälliges Leben zu führen. Er gibt ihnen die Heiligungslehren der Theosophie. Noch mehr, er schenkte mir Augenblicke überirdischen Seligkeitsempfindens als Frucht schweren Selbstverleugnungskampfes. Freiheit, Erlösung ist das ernste, hohe Ziel eines aufrichtigen Theosophen. Ein Buch ›Der Adept‹ und dann besonders die Neusalemsschriften aus Bietigheim (Lorbers Schriften) machten meine heilskundige Seele stockblind gegen das Evangelium von dem Gekreuzigten.

Bald machte ich Erfahrungen von Mediumismus, von Hellhören und kam durch okkultistische Literatur in Verbindung mit Hellsehern, Traum- und Karmaforschern, Spiritisten usw. Satans Anfang war die Verleitung zur Überlassung der Hand für schriftliche jenseitige Mitteilungen. Bald folgte dann der ganze Mensch nach. Ich wurde durch des Teufels List ein spiritistisches Medium der Dämonen, die fließend meine Zunge beherrschten und meinen Leib nach Belieben lähmen oder bewegen konnten. Ende 1920 brachte man mich unter dem Hohngelächter der Dämonen ins – Irrenhaus. Mit meiner Selbsterlösungskraft war ich am Ende und kein Okkultist fand die Möglichkeit, mir nunmehr zu helfen. Das Furchtbarste trat ein: Satan im Herzen! Hohn gegen meine liebsten Verwandten und gegen den Namen Jesus machten mich zum Teufel. Ich erlitt geradezu Qualen der Hölle. Dämonen drängten mich von einem Verleugnungskampf zum andern, mit Selbstkasteiung bis zu schweren Wunden ... Aus der Irrenanstalt konnte ich wieder entlassen werden, doch nun folgte schwere Lähmung, teilweise Erblindung, schwindsuchtähnliche Abmagerung und völlige Kraftlosigkeit. Der Himmel war mir verschlossen. Satan riet zum Selbstmord. Ich war feige und liebte trotz der täglichen Verzweiflungsqual das Leben.

Da führte mich in letzter Stunde die lebendige Gotteshand nach Teichwolframsdorf. Hier hörte ich von Gott. Ich geriet in neue knechtische Furcht im Blick auf meine gottwidrige Gebundenheit. Unterm Wort drang nach und nach in meine blinde Seele das Zeugnis von der Gerechtigkeit Jesu für die Ungerechten. Ich konnte endlich nicht mehr anders, ich mußte g l a u b e n. Unaussprechlich war der Jubel meines Herzens. Nur einen Namen konnte ich endlos preisen und anbeten, den Namen Jesus. Nun wußte ich: Er lebt! Bald gewann der Geist Gottes die Herrschaft über das Fleisch und die Dämonen. Das Blut und der Geist Jesu befreiten mich von schwerer Gebundenheit, gegen die ich solange ohne Erfolg gekämpft hatte. Der gelähmte Leib war in wenigen Wochen fast völlig gesund. Die Kraftlosigkeit wich und machte der alten Kraft Platz. Ein Weh erfüllt heute mein Herz für die Okkultisten, Theosophen, Spiritisten, Hellseher, Magnetopathen, Hypnotiseure, Karmaforscher und wie sie heißen mögen, und alle Menschen, die nicht das Heil in Jesus besitzen. Was für eine Ewigkeit erwartet sie unter der Obrigkeit Satans!

Noch heute stehe ich selbst in schweren Anfechtungen, in denen mich hin und wieder Teufel mit Fäusten schlagen. Doch meine Seele ist gerettet durch das teure Blut Jesu.«

In einem anderen Brief heißt es: »Ich war noch unbekehrt, als ich zu einer als christlich bekannten Familie durch meinen Beruf ins Haus kam. Die Familie betete, ging auch fleißig in die Kirche, lebte ruhig für sich und war sehr wohltätig. Die Leute sind Spiritisten, nennen sich aber Spiritualisten. Ich kannte den Spiritismus nicht, glaubte aber es sei etwas Gutes und Göttliches. Ich wurde aufgefordert, mitzugehen und stand so ein Jahr lang unter dem Bann des Spiritismus, bis ich durch Gottes Führung mit einer gläubigen Schwester zusammenkam, welche mich darauf aufmerksam machte, daß es Teufelswerk sei. Nun ging der Kampf los, welcher vier Wochen lang währte durch viel Unruhe; aber Gott sei Dank hat mich der Heiland freigemacht. Ich sah während dieser vier Wochen alles mit doppelten Augen und hörte mit doppelten Ohren, so ging mir der Verstand dafür auf, was hier vor sich ging. Ich fürchtete mich abends nach den Versammlungen und sah im Dunkeln blitzartige Erscheinungen im Dreieck. Immer habe ich den Herrn gebeten, er möge mir den richtigen Weg zeigen. So kam ich in die Gemeinschaft und bin heute ein freies, fröhliches Gotteskind durch die Gnade unseres Herrn Jesus.

Dieser Spiritualismus unterscheidet sich vom gewöhnlichen Spiritismus dadurch, daß es hier keine Experimente gibt. Die Versammlung wird eingeleitet durch Gesang und Gebet, Bibellesung und dann Auslegung des Schriftwortes, woran sich alle beteiligen können. Kam nun eine Pause dazwischen, daß es ruhig wurde, trat ein Medium auf im Trance-Zustand, welches dann auf das Schriftwort einging und wohl zehn bis dreißig Minuten sprach. Die Einleitungsworte waren meist: ›Friede sei mit euch, ihr lieben Menschenkinder! Was ich euch jetzt bringe, sind Worte meines Vaters im Himmel.‹ Das Medium trat als ein Engel Gottes auf oder als ein Prophet des Alten Bundes, als Dr. Martin Luther usw. Es gab sechs Medien in der Versammlung, welche sich den Namen ›Loge wahrer Weg‹ oder ›Loge Emmaus‹ zugelegt hat. Von diesen sind drei Sprechmedien und drei Sehmedien. Die Sehmedien sehen, was vorgeht in der Versammlung, zum Beispiel: es steht der Geist hinter dem Stuhl des Mediums, der eigene Geist tritt aus, der fremde Geist tritt ein und wirkt durch das Medium.

Im inneren Kreis, wo selbst keine Gäste Zutritt haben, sondern nur die festen Mitglieder, ›tritt der Herr Jesus persönlich ein‹, worauf alle Anwesenden auf die Knie fallen und einzeln vorrutschen, um den Segen zu empfangen.

Dieser Spiritualismus soll nun die reingeistige Lehre sein. Der Herr Jesus lehrt persönlich die Brüder, welche alle Bibelnamen der zwölf Jünger haben, und auch die Medien haben bekannte Bibelnamen. Drei Jahre soll der Herr Jesus lehren, dann sind sie alle vollkommen. Alles andere lehnen sie entschieden ab als minderwertig, sie haben alles viel besser und direkt durch ihre Medien von ihrem Meister. Dann sagen sie, sie zitieren die Geister nicht, sondern es wäre eine Zulassung von Gott zur Aufklärung und Besserung der Menschen hier auf Erden. Auch kämen keine so niederen Geister mehr, sondern nur geläuterte höhere Wesen. Eine Aufgabe der Spiritualisten sei, verstorbene Geister, welche durch Medien sprechen, zu Gott zurückzuführen durch Gebet. So kam es vor, daß ein Verstorbener sprach, welcher vor zweihundert Jahren abgeschieden war. Er erzählte, daß er ein Kirchenräuber war, ein anderer war ein Mörder usw. Die Brüder hatten nun die Aufgabe, dieselben zu Gott zurückzubringen, indem sie mit den Geistern beteten, auch das Kreuz Christi vorzeigten, ob sie den am Kreuz nicht gekannt hätten, worauf mancher gebetet hat. Andere wollten auch nichts davon wissen. Gewöhnlich kommen dieselben Geister in den Versammlungen wieder, sie sagten, sie seien nun auf dem Lichtsweg. Sie brachten auch andere mit. Auch böswillige Gesellen kamen, welche solche Kraft durch das sonst schwächliche Medium entwickelten, daß es um sich schlug, so daß das Medium durch vier Brüder gehalten werden mußte. Zuletzt lag es fünfzehn Minuten lang leblos da, ohne zu atmen. Die Brüder und alle Anwesenden beteten dann, daß die eigene Seele wieder eintreten konnte. Doch solche Vorfälle kommen nur im inneren Kreis vor. War das Medium wieder frei, so war es, als ob nichts geschehen wäre.

Ein Ausspruch der Brüder dem eingetretenen Geist gegenüber ist auch der: ›Deine Sünden können dir alle vergeben werden, und wenn sie blutrot wären, können sie doch schneeweiß gewaschen werden.‹ Die Leiter magnetisieren auch durch Striche, indem sie vom Kopf bis zu den Füßen Striche machen, um damit Beeinflussungen wegzustreichen. Sie sagen, bei manchen kranken oder müden und matten Menschen wären es nur Beeinflussungen von Geistern, die in der Luft sind, dieselben hängen sich an medial veranlagte Menschen oder auch an andere, und durch die Abstreichungen wird das auf das anwesende Medium übergeleitet. Meist sind es Tote, die nicht zur Ruhe kommen und lebende Menschen quälen. So offenbaren die Geister oft manches, was sonst ein Rätsel ist.

Die Dame, welche mich einst mitnahm, ist auch Medium, und zwar heilt sie kranke Menschen, denen kein Arzt mehr Hilfe leisten konnte, durch magnetische Kraft. Sie tut alles unentgeltlich und hat großen Zulauf. Ich traf dort auch eine Gemeinschaftsschwester, welche sich behandeln ließ und nichts dabei fand. Sie sagte mir, daß doch alles im Namen Jesu getan würde und mit Gebet.

Das Losungswort der Loge ist: Liebe Gott und deinen Nächsten wie dich selbst. Die Mitglieder stehen nicht mehr in der Welt, sondern gehen ganz auf in ihren Bestrebungen.

Wie weit dieser Spiritualismus schon vorgeschritten ist, geht daraus hervor, daß die Berichte, die alle stenographisch aufgenommen werden, vervielfältigt und versandt werden.«

Man sieht, der Teufel versucht auf allerlei Weise, die Menschen zu betrügen. Damit er sie noch sicherer umgarnen kann, benutzt er gern Bibelsprüche, Gebete und den Namen des dreieinigen Gottes. Aber das ändert an der Tatsache nichts, daß man durch diese frommscheinenden Dinge in den Bann des Teufels gerät.

Astrologie

Zum Schluß noch etwas aus einem Brief, um auch noch das Gebiet der Astrologie, der Sterndeuterei, in diese Betrachtung hineinzunehmen.

»Ich schrieb vor acht Tagen an einen Astrologen nach Berlin, um meine Zukunft deuten zu lassen. Jetzt bekam ich Nachricht von ihm. Er schrieb mir, daß ich in der ersten Lebenshälfte kein Glück und Erfolg haben werde, in der zweiten Hälfte aber, im reiferen Alter, würde ich recht glücklich werden. Dann hat er mir auch zwei Todesfälle prophezeit, was mich sehr beunruhigt, ebenso wie der ganze Inhalt der Mitteilungen des Astrologen. Ich habe Tag und Nacht keine Ruhe, ich sehne mich nach Frieden und finde ihn nicht. Ich lese in der Bibel, aber ich verstehe sie nicht . . .«

Ist diese Unruhe und Herzensangst nicht Beweis genug, wie töricht und sündhaft diese Befragung des Astrologen war? –

Wie verhängnisvoll die Beschäftigung mit der Astrologie werden kann, das beweist ein Artikel in der »Berliner Morgenpost«. Darin heißt es:

»Gestern früh erschien Frau M. (es folgen Name und genaue Adresse) bei der Polizei in Karlshorst und gab an, daß sie ihren Sohn erschossen habe. Die Nachforschungen bestätigten die Selbstbeschuldigung. Gustav M. lag mit einem Kopfschuß tot in seinem Bett. Im Verhör sagte Frau M., sie habe für ihren Sohn das Horoskop stellen lassen und daraus erkannt, daß er nie wieder in den vollen Besitz seiner Geisteskräfte gelangen werde. Eine furchtbare Zukunft hätte ihm also bevorgestanden. Seitdem sie das wußte, war ihr öfter der Gedanke gekommen, auf irgendeine Art den Sohn von seinem furchtbaren Schicksal zu befreien.«

Ist nicht der Astrologe, der das Horoskop ausgestellt hat, mitschuldig an diesem Mord? Er wird dafür nicht bestraft werden können, und so kann er sein gemeingefährliches Handwerk weitertreiben.

Das genügt wohl zum Beweis, wie gefährlich die Beschäftigung mit der Astrologie ist. Es kann gar nicht dringend genug davor gewarnt werden. –

Daß Gott doch diese vielen Zeugnisse von selbsterlebten Qualen und Folgen dieser Zaubereisünden dazu brauchen möchte, daß vielen gebundenen und verirrten Menschen die Augen aufgehen, daß sie erkennen, daß all diese unheimlichen Machenschaften dazu helfen, die Seele in den Bann des Teufels zu bringen!

Gott sei Dank, daß wir damit nicht aufhören und schließen müssen! Es gibt eine Errettung und Befreiung auch für solche, die sich mit dem Teufel eingelassen haben.

Ich füge noch eine Stelle an aus einem Brief, der vor einiger Zeit im Neukirchener Abreißkalender abgedruckt war: »Wird bei euch auch so viel Spiritismus getrieben? Hier sind mindestens zwanzig Zirkel, die Sitzungen abhalten. Selbst Kinder haben unter sich solche eingerichtet. Wir sind froh, daß wir ein wenig unterrichtet sind, und würden die Sache nie mitmachen, da sie traurige Folgen haben kann. Wir hatten neulich abends ein junges Ehepaar bei uns. Sie erzählten, wie sie so ganz im Spiritismus gefangen gewesen seien. Die arme Frau ist aber so von all den Geistern verfolgt worden, daß sie dem Wahnsinn nahe war. Da haben liebe treue Christen sich ihrer angenommen. Sie hat nach langen Kämpfen die ganze Geschichte gelassen und sagte uns mit strahlenden Augen: ›Wenn jetzt noch einmal eine solche Unruhe über mich kommen will und ich angegriffen werden soll, dann brauche ich nur den Namen des Heilandes anzurufen, dann geht alles vorüber.‹«

Gelobt sei Gott, daß in dem Namen J e s u s Heil und Rettung und Seligkeit ist, auch für die armen, geplagten und gequälten Opfer des Okkultismus.

»Es ist in keinem anderen Heil, ist auch kein anderer Name unter dem Himmel den Menschen gegeben, darinnen sie selig werden können, als allein der Name Jesus Christus, hochgelobt in Ewigkeit.«

Wie komme ich los?

Das ist die große Frage, der wir uns zum Schluß zuwenden müssen.

Zuerst Erkenntnis der Sünde

Das ist das erste, was ich zu sagen habe: Man muß zunächst einmal erkennen, daß es sich hier um eine S ü n d e handelt, und zwar um eine schwere Sünde, die vom Himmel ausschließt, wie es klar und deutlich in der Bibel steht. Ich wiederhole noch einmal die Schriftworte, die davon handeln.

»Ihr sollt euch nicht wenden zu den Wahrsagern, und forscht nicht von den Zeichendeutern, daß ihr nicht an ihnen verunreinigt werdet; denn ich bin der Herr, euer Gott« (3. Mose 19, 31).

»Wenn eine Seele sich zu den Wahrsagern und Zeichendeutern wenden wird, daß sie ihnen nachfolgt, so will ich mein Antlitz wider dieselbe Seele setzen und will sie aus ihrem Volk ausrotten« (3. Mose 20, 6).

»Wenn ein Mann oder Weib ein Wahrsager oder Zeichendeuter sein wird, die sollen des Todes sterben. Man soll sie steinigen; ihr Blut sei auf ihnen« (3. Mose 20, 27).

»Die Zauberinnen sollst du nicht leben lassen« (2. Mose 22, 17).

»Wenn du in das Land kommst, das dir der Herr, dein Gott, geben wird, so sollst du nicht lernen tun die Greuel dieser Völker, daß nicht jemand unter dir gefunden werde, der seinen Sohn oder Tochter durchs Feuer gehen lasse, oder ein Wahrsager oder ein Tagewähler oder der auf Vogelgeschrei achte oder ein Zauberer oder Beschwörer oder Wahrsager oder Zeichendeuter, oder der die Toten frage. Denn wer solches tut, der ist dem Herrn ein Greuel, und um solcher Greuel willen vertreibt sie der Herr, dein Gott, vor dir her. Du sollst rechtschaffen sein mit dem Herrn, deinem Gott« (5. Mose 18, 9–13).

»Der Verzagten aber und Ungläubigen und Greulichen und Totschläger und Hurer und Zauberer und Abgöttischen und aller Lügner, deren Teil wird sein in dem Pfuhl, der mit Feuer und Schwefel brennt; das ist der andere Tod« (Offb. 21, 8).

»Denn draußen sind die Hunde und die Zauberer und die Hurer und die Totschläger und die Abgöttischen und alle, die liebhaben und tun die Lüge« (Offb. 22, 15).

Diese Schriftworte bezeugen es, daß es sich um einen Greuel vor Gott handelt, um eine Sünde, auf die Steinigung und Ausrottung aus dem Volke, sowie Ausschluß aus dem neuen Jerusalem steht.

Darum betone ich: Man muß es zunächst als Sünde erkennen, als schwere Sünde. Viele tun das nicht. Sie halten die Sache für einen »Ulk«. Wenn man mit ihnen darüber spricht, dann lachen sie und sagen: »Ach, Unsinn! Damit hat das nichts zu tun. Davon kommt das nicht!« Andere reden von ›Dummheiten‹, die sie gemacht haben; aber daß dadurch ein Bann auf ihr Leben gekommen sein soll, das können sie sich doch nicht denken. Wieder andere meinen: »Ach, das war ja eine ganz harmlose und unschuldige Geschichte, wie sollte die solche Folgen haben?!« »Mein gottesfürchtiger, frommer Vater hat dazu geraten, meine selige Mutter hat es selber getan, das kann doch nichts Schlimmes gewesen sein.«

Ja, es geht so weit, daß man sagt bzw. schreibt: »Sie müssen dafür Buße tun, daß Sie öffentlich gesagt haben, das Besprechen wäre Zauberei. Das ist ein von den Aposteln auf uns gekommenes biblisches Heilmittel. Das geht doch deutlich daraus hervor, daß man dran glauben muß, wenn es helfen soll, daß es wirklich hilft, wenn man daran glaubt, und daß die Heilung im Namen Gottes geschieht.«

Wer so urteilt, wer es für harmlos, für einen Scherz, für unschuldig, für ein biblisches Heilmittel hält, der – tut natürlich keine Buße dafür, weil er es gar nicht für eine Sünde hält. Und wer keine Buße dafür tut, der wird natürlich auch von dem Bann nicht los, der auf seinem Leben liegt.

Lassen wir es uns durch das untrügliche Wort Gottes sagen, daß es sich hier um die Sünde der Zauberei handelt, die vom Himmel ausschließt, wenn nicht Buße dafür getan wird. Es ist Zaubereisünde, zu besprechen und sich besprechen zu lassen. Es ist Zaubereisünde, durch Kartenlegerei und Wahrsagerei die Zukunft erfahren zu wollen, die Gott uns verborgen hat. Es ist Zaubereisünde, durch Anwendung von allerlei Formeln und Mitteln wie Bestreichen, Umhängen von Amuletten usw. die Gesundheit erzwingen zu wollen. Es ist Zaubereisünde, durch Tisch- und Gläserrücken, durch Zitieren von Toten mit abgeschiedenen Geistern in Verbindung zu treten, um von ihnen Aufschlüsse über das Jenseits zu erhalten.

Wer das erkannt hat, daß es sich in diesem ganzen Gebiet um Sünden der Zauberei handelt, der wird mit keiner auch noch so harmlos aussehenden Geschichte dieser Art etwas zu tun haben wollen. Er wird von dem ganzen Gebiet des Aberglaubens sich abwenden. Er fürchtet sich nicht mehr vor der Zahl 13 und vor dem Ruf des Käuzchens, er erwartet kein Glück mehr von dem gefundenen Hufeisen, das auf die Schwelle genagelt ist, und von dem vierblättrigen Kleeblatt. Er sagt nicht mehr »unberufen«, wenn er auf die Frage nach seiner Gesundheit antwortet, daß es ihm gut gehe.

Diese Dinge sind nicht so harmlos, wie sie aussehen. Unser Glück und Wohlergehen hängt nicht von Kleeblättern und gefundenen Hufeisen ab, sondern von Gott. Und es ist ein Verleugnen des Vertrauens zu Gott und seinem väterlichen Walten, wenn man von solchen Dingen Glück erwartet. Und das »Unberufen«, wobei man dreimal unter den Tisch klopft, ist nichts als ein Stück Heidentum. Es soll heißen: »Ohne das Unglück berufen zu wollen.« Als ob Gott ein neidischer Gott wäre, der den Menschen ihr Glück und ihre Gesundheit nicht gönnte! Dieses »Unberufen« spricht denselben Gedanken aus, den Schiller im »Ring des Polykrates« zum Ausdruck gebracht hat: »Mir grauet vor der Götter Neide.« Dürfen wir von unserem Gott, von unserem Vater eine so niedrige Vorstellung haben? Dürfen wir ihn durch so ein heidnisches »Unberufen« kränken?

Weg mit allem Aberglauben! Weg mit all der abergläubischen Furcht vor Zahlen und Tagen, vor Tierstimmen und Wolkenbildern! »Die völlige Liebe treibt die Furcht aus, denn die Furcht hat Pein.«

Es gibt viele Gotteskinder, die solche abergläubischen Gebräuche mitmachen! Sie denken sich nicht viel dabei. Sie machen sich ihre eigentliche Bedeutung nicht klar. Aber aller Aberglaube ist ein Feind, ist eine Verleugnung des wahren Glaubens.

Darum sage ich: Das erste ist, daß man erkennen muß, daß

es sich hier um eine ernste und schwere Versündigung handelt.

Buße – Sinnesänderung

Wer das aber erkannt hat, der wird dafür auch Buße tun. Das ist das zweite. Was ist aber Buße? Buße ist Sinnesänderung, wie wir wissen. Du mußt deinen Sinn ändern. Du darfst nicht mehr denken, das sei harmlos, das sei ein Spaß, sondern du mußt es deinem Gott abbitten, daß du ihn so betrübt und seinen heiligen Namen so verunehrt hast.

Gott sei Dank, daß das Blut Jesu Christi, des Sohnes Gottes, rein macht von aller Sünde. Also macht es auch rein von der Sünde der Zauberei.

Ja aber, sagst du vielleicht: Ich habe mich nicht besprechen lassen, ich bin besprochen worden als kleines Kind. Ich wußte es nicht und ich wollte es nicht, was mit mir geschah.

Mag sein. Aber eine Sünde war es doch, und wenn es nicht deine Sünde war, dann war es die Sünde deiner Eltern. Und die Tatsache besteht doch, daß auch solche, die ohne ihr Zutun in der Kindheit besprochen worden sind, unter dem Bann des Teufels stehen. Der Teufel ist ein grausamer Feind. Es macht für ihn keinen Unterschied, ob jemand durch fremde oder durch eigene Schuld in sein Netz gerät. Hohnlächelnd macht er sein Recht geltend, das er durch die Zaubereisünde über alle die bekommen hat, die sich mit ihm eingelassen haben.

Wie oft hat es mich ergrimmt, wenn ich gesehen habe, daß Menschen unter dem Bann des Teufels standen, von Lästergedanken übel geplagt, von Selbstmordabsichten und Schwermutsanwandlungen gequält, die in frühester Kindheit besprochen worden waren. Ein grausamer Feind ist der Teufel! Er kennt kein Mitleid und keine Schonung.

Nur eins fürchtet er: Das Blut Jesu Christi. Das Blut Jesu ist das Zeichen der Rettung und der Erlösung. Wer das Blut Jesu anruft, wer sich unter das Blut des Lammes stellt, der ist sicher vor dem Würger, wie Israel einst in Ägypten.

Darum mußt du deine Zuflucht zu dem Blut des Lammes nehmen und den Herrn anflehen, dich zu retten und zu reinigen durch sein kostbares Blut.

Glaube und Gebet

Zu dieser Bitte um Rettung durch das Blut muß dann weiter der G l a u b e kommen, daß das Blut Jesu wirklich rein macht. Du mußt es glauben: »In Christo haben wir die Erlösung durch sein Blut, die Vergebung der Sünden, nach dem Reichtum seiner Gnade« (Eph. 1, 7). Das Bitten muß mit dem Glauben verbunden sein, daß Jesus am Kreuze der alten Schlange den Kopf zertreten hat, daß er dort dem Teufel seine Macht genommen hat.

Hier stößt man nun immer wieder auf einen schweren Fehler. In der Bibel stehen, wie man sagt, 36 000 Verheißungen. Aber diese sämtlichen Verheißungen wiegen nichts und gelten nichts, wenn – der Teufel ein einziges Wort dagegenstellt. Wenn der Teufel einem Menschen zuflüstert: »Mit dir ist es nichts! Du gehst ja doch verloren!« – dann hat dies eine Wort für den armen Menschen, der unter seiner Gewalt steht, mehr Wert als alle Verheißungen Jesu! Mach dir doch einmal klar, was du damit tust, wenn du dem Teufel glaubst! Dadurch machst du Jesum zum Lügner. Hat er das verdient? Hat er nicht gesagt: »Ich bin der Weg und die Wahrheit und das Leben«? Ist es nicht wahr, daß alle Gottesverheißungen Ja und Amen in ihm sind? Der Teufel dagegen ist ein Lügner von Anfang und ein Vater der Lüge. Er belügt und betrügt die Seelen. Hast du das noch nicht gemerkt? Vor der Sünde stellt er den Vorteil und Gewinn so lockend hin, der durch die Sünde erreicht werden wird, und nach der Sünde höhnt er: »Deine Sünde ist größer, als daß sie dir vergeben werden könnte.« Ist das nicht ein elender Betrug? Und diesem Betrüger willst du glauben? Sein Wort gilt dir mehr als das Wort Gottes? Jesus hat gesagt: »Wer zu mir kommt, den werde ich nicht hinausstoßen.« Jesus hat gesagt: »Und ich gebe ihnen das ewige Leben, und sie werden nimmermehr umkommen; und niemand wird sie mir aus meiner Hand reißen.«

Wem willst du nun glauben? Dem Teufel oder dem Heiland? Mach dir doch einmal klar, daß du den Heiland zum Lügner machst, wenn du auf die Einflüsterungen des Teufels hörst. Willst du das wirklich tun?

Glaube es doch, daß es wahr ist, was Jesus gesagt hat: »Es ist vollbracht! Glaube es doch, was Paulus bezeugt: »In Christus haben wir die Erlösung durch sein Blut, die Vergebung der Sünden, nach dem Reichtum seiner Gnade.«

Ja, glaube endlich dem Heiland! Er belügt dich nicht. Er sagt dir die Wahrheit. Auf sein Wort kannst du dich verlassen. »Des Herrn Wort bleibt in Ewigkeit.«

Und laß dich nicht mehr mit dem Teufel ein! Achte nicht mehr auf seine Einflüsterungen! Jakobus sagt: »Widerstehet dem Teufel, so flieht er von euch.« Wenn er kommt, um

Zweifel zu erwecken, dann sag ihm klar und bestimmt: Es steht geschrieben! Berufe dich aufs Wort Gottes – und er muß weichen!

Also glaube dem Teufel nicht mehr, der dich belügt, glaube dem Heiland – er ist die Wahrheit, und er sagt dir die Wahrheit!

Gebetshilfe

Aber nun kommt eine schmerzliche Tatsache: Man kann wissen, daß die Sünde der Zauberei vergeben ist; aber damit ist der Bann noch nicht aufgehoben und beseitigt, der auf dem Leben liegt. Es ist geradeso, wie wenn einer weiß, daß ihm die Sünden seiner Vergangenheit vergeben sind; aber sein alter Mensch reißt ihn immer wieder hin in die alte Sünde. Die alte Gebundenheit zeigt sich immer wieder.

Was soll dann geschehen, wenn dies der Fall ist?

Dann kommt der Rat des Apostels Jakobus (5, 16). Er sagt: »Bekenne einer dem andern seine Sünde und betet füreinander, daß ihr gesund werdet.« Wer nicht allein loskommen und freiwerden kann, der suche Gebetshilfe. Der spreche sich aus gegen einen erfahrenen Bruder oder gegen eine gereifte Schwester und bitte um Gebetsgemeinschaft.

Jesus hat auf das gemeinsame Gebet besondere Verheißungen gesetzt: »Wo zwei oder drei eins werden, was es ist, um das sie bitten, das soll ihnen widerfahren von meinem Vater im Himmel«, sagt er in Matthäus 18, 19. Und dann fährt er fort: »Denn wo zwei versammelt sind in meinem Namen, da bin ich mitten unter ihnen.« Wo zwei sich vereinigen, etwas vom Herrn zu erbitten, was nach seinem Wort und seinem Willen ist, da ist Jesus unsichtbar gegenwärtig. Da hört und erhört und hilft er. Das hat er verheißen.

Darum suche Gebetsgemeinschaft. Und suche sie nicht nur einmal, sondern suche sie öfter, suche sie immer wieder. Ich habe die Beobachtung gemacht, daß so ein Gebet für eine Zeitlang half, aber daß dann die Macht des Feindes sich wieder äußerte. Dann mußte das Gebet wiederholt werden. Es ist gerade wie mit einer ernstlichen Krankheit. Da hilft es nicht, nur einmal einen Löffel Medizin zu nehmen. Es muß wieder und immer wieder geschehen.

Fasten

Jesus hat einmal gesagt: »Diese Art fährt nicht aus denn durch Fasten und Beten.« Das heißt offenbar: durch andauerndes Beten, in Verbindung mit einem Zurückziehen von der Welt, um in der Stille Kraft anzuziehen aus dem oberen Heiligtum.

Es ist gesegnet, wenn man sich eine Weile ganz zurückzieht von der Welt, um z. B. in einem christlichen Erholungsheim, wo Gottes Geist spürbar ist und Glaubensmacht herrscht, sich täglich unter das Wort Gottes und unter das Gebet des Glaubens zu stellen. Viele sind durch Gottes Gnade schon freigeworden von dem Bann des Teufels in solchen Seelsorgeheimen.

Wenn du es irgend ermöglichen kannst, dann rate ich dir zu einem Aufenthalt in einem solchen Heim, wo das Wort Gottes sich als Gotteskraft beweist, wo man sich auf den Dienst im Heiligtum versteht.

Handauflegung

Für sehr gut halte ich es auch, wenn man Hilfe durch Handauflegung haben kann. Ich habe oft erfahren, daß das ein gutes Mittel ist, um den Bann des Feindes zu brechen.

Nur ein Beispiel dafür, wie gesegnet solche Handauflegung ist. Eine Frau schrieb mir, daß ihr Mann oft an Schwermutsanwandlungen litte, weil er von seiner Mutter her, die sich viel mit Kartenlegen abgab, unter einem Bann stehe. Ich hatte ihr geraten, wenn so eine Anwandlung komme, dann solle sie ihm die Hände auflegen. Denn die Handauflegung sei nicht nur eine Sache der Ältesten der Gemeinde, sondern es heiße auch, daß solche, die da glauben, die Hand auflegen könnten und sollten.

Nach Monaten antwortete sie mir: »Merkwürdigerweise wurde mein Mann gerade an dem Tag, an dem ihr Brief eintraf, wieder besonders angefochten. Wir gingen deshalb auf die Knie, und ich legte, gestützt auf Jesu Blut, meinem Manne die Hände auf. Da war es, als ob rein körperlich der Druck von ihm wiche. Die Schwermutsgedanken waren verschwunden und sind nun seit sechs Monaten nie wiedergekehrt.«

Um dem Leser hier weiteren seelsorgerlichen Rat zu geben zum Thema Handauflegung, folgt ein Abschnitt aus dem Marburger Heft Nr. 4 ». . . und legte die Hände auf sie« von Gerhard Kuhlmann (erschienen im selben Verlag):

»Wer darf die Hände auflegen? Jakobus sagt: »Ist jemand krank, der rufe die Ältesten von der Gemeinde« (Jak. 5, 14). Unter ihnen sind also vornehmlich die zu suchen, die heilig und vollmächtig die Handauflegung ausführen können. Andererseits bleibt diese Gabe gewiß nicht auf diesen Kreis beschränkt. In jeder Gemeinde gibt es begnadete Männer (Charismatiker), die mit Vollmacht ausgerüstet sind. Beachtet aber sollte unbedingt werden, daß die Handauflegung immer in Verbindung mit einer Gemeinde geübt wird und nicht von irgendwelchen Einzelgängern und herumreisenden Wunderheilern. Wir müssen die ablehnen, die ohne Verbindung mit einer sichtbaren Ortsgemeinde die Hände auflegen. Nur so ist eine saubere seelsorgerliche Vorbereitung möglich und jede Täuschung über den wahren inneren Zustand weitgehend ausgeschaltet. Die Brüder einer Gemeinde kennen die einzelnen Glieder viel besser und können sich ergänzen in der rechten Beurteilung der Person, die die Handauflegung wünscht.

Um Klarheit zu gewinnen, ob man die Handauflegung üben darf, sind Gebet und Fasten äußerst bedeutsam (Apg. 13, 2. 3). Der Dienst der Hände wurde im Alten Bund als so bedeutsam angesehen, daß niemand, der einen Bruch an der Hand hatte, am Altar Gottes dienen durfte (3. Mose 21, 18–20). Im Licht des Neuen Testaments heißt das: Niemand, der in bewußten Sünden beharrt, kann rechter Segensmittler sein. Deshalb muß vorher eine innere Reinigung des Lebens vorangehen. Und nur, wenn der heilige Wille zu ganzer Hingabe an Gott vorhanden ist, kann Gott das Auflegen der Hände segnen. Andernfalls besteht die erschreckende Gefahr, daß man seinen eigenen Sündengeist auf den andern überträgt und somit nicht zum Segens-, sondern zum Fluch- und Sündenmittler wird. Aber auch das Umgekehrte ist möglich. Die erschütternde Geschichte von den Söhnen des Hohenpriesters Skevas (Apg. 19, 13 ff.) deutet an, daß die satanische

Macht den überrennt, der nicht von Gott ausgerüstet und geschützt einem bedrängten Menschen helfen will. Immer ist es lebensgefährlich, fremdes Feuer vor den Herrn zu bringen (3. Mose 10, 1). Deshalb muß hier noch einmal nachdrücklich auf das Pauluswort hingewiesen werden: ›Die Hände lege niemand zu bald auf‹ (1. Tim. 5, 22). Und ganz gewiß hat der Apostel gerade in diesem Zusammenhang mit Bedacht die Mahnung angefügt: ›Mache dich auch nicht teilhaftig fremder Sünden.‹«

In vielen Fällen äußert sich der Bann des Teufels in Lästergedanken. Wie soll man davon frei werden?

Danken

In diesem Fall möchte ich folgenden Rat geben. Wenn der Feind dir solche Lästergedanken eingibt, von denen du der Wahrheit gemäß sagen kannst, daß sie nicht aus deinem Herzen kommen, dann mußt du deinen Gedanken sofort eine andere Richtung geben. Du mußt an das Kreuz von Golgatha denken und an die Erlösung, die an demselben geschehen ist. Und für diese Erlösung mußt du danken. Es steht geschrieben (Ps. 50, 23): »Wer Dank opfert, der preiset mich, und das ist der Weg, daß ich ihm zeige mein Heil.« Immer wieder fordert die Schrift zum Danken auf. Allezeit und für alles sollen wir Gott danken, mahnt Paulus die Epheser (5, 20). In allen Dingen dankbar zu sein, weil das der Wille Gottes in Christo Jesu an uns sei, schreibt er an die Thessalonicher.

Ich bin gewiß, daß fleißiges Danken für die Erlösung ein gutes Vorbeugungsmittel für solche Lästergedanken ist. Wenn wir ein Leben des Lobens und Dankens führen, dann verliert der Feind seine Macht. Darum laßt uns lernen, in allen Dingen, allezeit Gott zu danken.

Kommt dann doch ein solcher Gedanke, so wird der Dank für das Kreuz und Blut Jesu Christi den Feind bald verscheuchen. Es ist wahr, was der Dichter gesagt hat: »Satan flieht, wenn er uns beim Kreuze sieht.«

Anruf des Namens Jesus

Und wenn der Gedanke so plötzlich, so unerwartet kommt, daß du nicht imstande bist, ein richtiges Gebet zu tun, dann ruf den Namen Jesu an. Das ist das allerkürzeste und doch ein sehr wirksames Gebet. Es steht geschrieben: »Der Name des Herrn ist ein festes Schloß, der Gerechte läuft dahin und wird beschirmt.« Sobald du nur den Namen »Jesus« angerufen und ausgerufen hast in der Not deiner Seele und in der Angst deines Herzens, dann bist du schon in dem festen Schloß, wo du sicher bist, wo der Feind dich nicht antasten kann. Und wenn du nichts anderes beten und sagen und denken kannst, dann sprich den Namen »Jesus« aus. Und du wirst sehen: der Feind zieht sich zurück!

Und je öfter du ihm solche Niederlagen bereitest, um so mehr wird sein Einfluß geschwächt.

Keine Lästergedanken aussprechen

Dabei mußt du aber eins nicht vergessen – und das möchte ich dir zum Trost sagen. Gott ist allwissend. Er weiß, daß solche Lästergedanken nicht aus deinem Herzen kommen, daß du sie nicht denken willst, daß sie dir schrecklich und abscheulich sind. Darum macht er dich dafür nicht verantwortlich. Du mußt dich nur davor hüten, diese Lästergedanken auszusprechen. Sprich sie niemals aus, auch nicht gesprächsweise. Manche haben mir Mitteilung gemacht, daß sie von solchen Gedanken gequält würden, aber sie haben sich ängstlich gehütet, sie niederzuschreiben. Andere haben diese Zartheit und Keuschheit nicht besessen und haben diese gemeinen Gedanken niedergeschrieben. Ich habe mich sofort unter das Blut Jesu flüchten müssen, daß diese Schandworte nicht aufbewahrt würden in meinem Gedächtnis. Wenn solche Gedanken ausgesprochen oder gar aufgeschrieben werden, nimmt ihre Macht zu. Darum laß solche Gedanken unter keinen Umständen laut werden!

Zauberbücher und Zaubermittel vernichten

Damit in Verbindung steht ein Rat, den ich geben möchte: Was du etwa an Zaubermitteln und Zauberbüchern in deinem Besitz hast – ins Feuer damit!

Als in den Tagen des Paulus eine Erweckung in Ephesus entstand, da »kamen viele derer, die gläubig waren geworden, und bekannten und verkündigten, was sie getrieben hatten. Viele aber, die da vorwitzige Kunst getrieben hatten, brachten die Bücher zusammen und verbrannten sie öffentlich und überrechneten, was sie wert waren, und fanden des Geldes fünfzigtausend Groschen« (Apg. 19, 18. 19).

Wenn du derartiges im Haus hast, ins Feuer damit! Hast du das 6. und 7. Buch Mose im Haus, dann verbrenne es sofort. Oder besitzest du die »Sieben Himmelsriegel« oder einen sogenannten »Himmelsbrief«? Ins Feuer damit! Hast du Amulette und Talismane – heb sie nicht auf, überliefere sie den Flammen! Traumbücher und Punktierbücher laß denselben Weg gehen! Hast du ein Hufeisen auf deiner Schwelle? Dann zieh die Nägel heraus und beseitige es! Hängt ein vierblättriges Kleeblatt oder ein Glücksschwein an deiner Uhrkette, laß es nicht länger dort! Hast du Karten oder eine sogenannte »Planchette« in deinem Besitz, auf der die Geister schreiben, wirf sie in den Ofen. Dulde auch kein »Horoskop« in deinem Hause. Was irgendwie mit diesen finsteren Geschichten zusammenhängt, das mußt du unbedingt fortschaffen und vernichten. Auch der letzte Faden muß zerrissen werden, der dich mit dem Feind verbindet.

Treues Bibellesen

Und ebenso, wie du die Fäden zerreißen mußt, die dich mit dem Teufel noch verbinden, ebenso mußt du die Verbindung mit dem Herrn enger und fester knüpfen.

Du mußt ein Leben innigen Umgangs mit dem Herrn führen. Dazu gehört in erster Linie, daß du täglich deine Bibel liest. Ich weiß wohl, was du auf diesen Rat sagst: »Ich verstehe nichts davon, ich habe nichts davon. Die Bibel ist mir ein ganz verschlossenes Buch. Und wenn ich mich anschicke, die Bibel zu lesen, dann beginnt der Kampf in meiner Seele erst recht. Dann kommen die Lästergedanken. Und um diesem Kampf zu entgehen, möchte ich am liebsten das Lesen der Bibel ganz einstellen.«

Merkst du nicht, was der Feind damit bezweckt? Er will dir die Bibel verleiden. Und warum? Weil in der Bibel Brot des Lebens für unsere Seele ist. Wer die Bibel treu und täglich liest, der empfängt dadurch Widerstandskraft gegen die Sünde.

Der Teufel versucht es immer wieder, uns das Bibellesen zu verleiden. Er sucht uns vorzureden, dazu sei keine Zeit oder doch wenigstens, dazu sei jetzt keine Zeit. Es werde gleich eine Störung kommen, wodurch das Bibellesen ja doch unterbrochen wird. Diesen Machenschaften des Feindes gegenüber hilft nur eine feste und bestimmte Gewohnheit. Wir können in dieser Beziehung etwas von Daniel lernen, der am Tage dreimal auf seine Knie fiel und betete. Er hatte eine feste Gewohnheit. Davon ließ er auch nicht, als das Beten unter Strafe gestellt wurde. Diese Gewohnheit war ein Schutz für ihn. Sie ist auch ein Schutz für uns, daß der Feind uns das Bibellesen nicht verleiden und rauben kann. Mach es dir zu einer festen Gewohnheit, zu einer bestimmten Zeit, am besten am frühen Morgen, das Wort Gottes zu lesen. Bitte dabei um den Heiligen Geist, daß er dir das Wort aufschließe, daß du es auch verstehen und auf dein Leben anwenden kannst.

Und wenn du auch meinst, daß dir christliche Bücher und Blätter viel verständlicher seien als die Bibel, – laß dich nicht davon abhalten, täglich deine Bibel zu lesen. Du wirst sehen, der Schleier fällt, der dir jetzt noch das Wort Gottes verhüllt, und du wirst es auch erfahren: »Dein Wort ist meines Fußes Leuchte und ein Licht auf meinem Wege.« Und bald wirst du auch rühmen wie der Psalmist: »Ich freue mich über deinem Wort wie einer, der eine große Beute kriegt.«

Nimm dir Zeit für das betende Lesen der Bibel, mach das tägliche Bibellesen zu einer festen Gewohnheit deines Lebens.

Regelmäßiges Gebet

Zum Bibellesen mußt du dann das Gebet fügen. Das ist dir

jetzt noch schwer. Es ist dir, als ob der Teufel dir den Mund zuhielte, als ob er deine Gedanken verwirrte. Du wirst immer gleich schläfrig beim Beten.

Laß dich dadurch nicht davon abbringen zu beten. Und wenn sich deine Gedanken so leicht verwirren und du so leicht schläfrig wirst dabei, dann sprich deine Gedanken aus, dann bete laut! Denke auch nicht, du müßtest »schön« beten! Es kommt nicht auf schöne Worte an; der Herr sieht das Herz an. Und wenn es gestottert ist, dein Gebet, das macht nichts. Bete aber ja frei aus dem Herzen, sag dem Herrn in aller Schlichtheit, wie es dir ums Herz ist.

Und wenn du nicht weißt, was du beten sollst, dann laß dir vom Wort Gottes die Gebetsgedanken zeigen. Mach das gelesene Wort in der Bibel zu einem Gebet. Frag dich vor dem Wort, das du liest: »Habe ich das? Bin ich das? Weiß ich das?« Und wenn du dir sagen mußt: das habe ich noch nicht, das fehlt mir noch, – dann mach es gleich zu einem eigenen Gebet. So lernst du beten, wenn dir die Bibel die Anregungen dazu gibt.

Gemeinschaft mit Kindern Gottes

Und dann pflege fleißig Gemeinschaft mit Kindern Gottes. Wenn eine Gemeinschaft an deinem Ort ist, dann schließe dich derselben an und bitte die Geschwister, dir innerlich zu helfen, mit dir und für dich zu beten. Und wenn keine Gemeinschaft da ist, dann nutze jede Gelegenheit aus, wo du mit Gotteskindern zusammenkommen kannst, um mit ihnen das Wort Gottes zu lesen und zu beten. Du wirst sehen, das gibt deiner Seele Kraft, das bringt dich vorwärts im inneren Leben.

Wenn du an deinem Orte keine Gemeinschaft oder keinen Gemeinde-Bibelkreis hast, dann bildet einen gewissen Ersatz ein entschieden christliches Blatt oder der Besuch einer Gemeinschaftskonferenz. Die gibt es ja heute hin und her in allen Teilen unseres Landes. Von diesen Konferenzen sind schon Ströme des Segens ausgegangen. Manche haben auf solchen Zusammenkünften ihren Heiland kennengelernt, viele haben Förderung ihres inneren Lebens erfahren. Es lohnt sich, das Opfer für eine Konferenzreise zu bringen!

Aber bleibe nahe bei Jesus! Denke an die Geschichte, die Jesus einmal erzählt hat von dem Teufel, der ausgefahren ist und dann dürre Stätten durchwandert, bis daß er wiederkommt und sein voriges Heim schön gekehrt und geschmückt findet. Da bringt er sieben Gesellen mit, und es wird mit dem Menschen ärger denn zuvor.

Diese Geschichte mahnt uns, nahe bei Jesus zu bleiben, unter den täglichen Zuflüssen seines Heiligen Geistes. Wenn wir nicht unter einem offenen Himmel bleiben, dann kommt der Feind wieder und das alte Lied geht wieder an.

Der Bund mit dem Herrn

Willst du dem Bann des Teufels dauernd entgehen, dann mußt du einen Bund mit dem Herrn machen und mit ihm im Bunde bleiben alle Tage, unaufhörlich. Bete mit mir:

> »Ich bin dein, sprich du darauf dein Amen!
> Treuster Jesu, du bist mein.
> Drücke deinen Jesusnamen
> brennend in mein Herz hinein!

Mit dir alles tun und alles lassen,
in dir leben und in dir erblassen,
das sei bis zur letzten Stund'
unser Wandel, unser Bund!«

Fasse Mut, es gibt eine völlige Befreiung von dem Bann des Teufels. Das bestätigen viele aus ihrem Erleben.

Dafür liefert der nachstehende Brief einen Beweis:

»Durch dumme Neugier ging ich vor zwölf Jahren zum Kartenlegen, vor vier Jahren ließ ich mein verschwollenes Gesicht besprechen. Ich glaubte nicht an diese Sachen, das Besprechen half auch nicht bei mir. Aber wenige Monate nach dem Kartenlegen überfiel mich plötzlich das erste Mal ein Selbstmordgedanke so heftig, daß ich um ein Haar aus dem vierten Stock herausgesprungen wäre ohne eigentlichen Grund. Seit der Zeit kehrten die Selbstmordgedanken immer wieder, manchmal so stark, daß ich dachte, über dem Kämpfen den Verstand zu verlieren oder ihn zum Teil schon verloren zu haben. Dabei waren die äußeren Verhältnisse ruhige, sichere, wenn auch nicht glänzende. Der letzte Kampf mit dem Selbstmordgedanken war im August letzten Jahres, da wollte es mich mit Gewalt in den See ziehen. Dann las und hörte ich von diesem Bann, von der Gewalt finsterer Mächte, in die man gerät, wenn man sich mit solchen Dingen befaßt hat, und ich ärgerte mich schrecklich über diesen Unsinn, der den Leuten vorgeredet wurde. Schließlich wurde die Erregung so groß in mir, ich kam in eine so große Unruhe und Seelennot, daß ich meine Zuflucht Tag und Nacht zum Gebet nehmen mußte, sonst hätte ich Verstand und Leben verloren. Da – in einer schlaflosen Nacht – kam die Erlösung. Da glaubte ich endlich daran, daß ich unter einem Bann war

Befreiung. Da kam ein plötzliches inneres Aufjauchzen über mich. Fast körperlich fühlte ich eine Befreiung von Fesseln. Dann strömte ein unsagbar herrlicher Friede über mich, dazu eine ganz sichere Heilsgewißheit, nach der ich so viele Jahre gesucht, um die ich so lange gerungen hatte.

Seitdem ist etwas Neues in mir. Seitdem fühle ich mich geborgen, weiß mich unter seinem Schutz – und was mir nie geglückt ist: Jähzorn und Ungeduld usw. loszuwerden, – jetzt bekomme ich Kraft dazu. Ich darf voll Lob und Dank zurück- und voll Vertrauen vorwärtsblicken.«

Ein eindringliches Zeugnis

Daß es eine völlige Befreiung gibt von allen okkulten Mächten, das beweist auch ein Brief, den ich erhielt, als gerade die fünfte Auflage dieses Buches erschien. So konnte ich die einzelnen Teile des Briefes nicht mehr an den Stellen einordnen, wo von Spiritismus usw. die Rede ist. Darum lasse ich ihn hier am Schluß des Buches folgen als ein Zeugnis davon, daß es eine Befreiung gibt von der Macht der Finsternis. Zugleich ist der Brief ein Beweis, wie Gott hier und dort dieses Buch gebraucht hat, um aus der Knechtschaft in die Freiheit zu führen.

In dem Brief schreibt ein Lehrer aus Österreich folgendes:

»Überall, wo eine ›Offenbarung‹, eine ›Mitteilung‹ oder eine Erscheinung an die Anwesenden unter Mitwirkung einer ›sensiblen‹ oder ›medial veranlagten‹ Person gebunden ist, kann man mit Sicherheit von einer okkulten Offenbarung, Mitteilung oder Erscheinung sprechen; es ist dies der Fall beim Spiritismus, bei Hypnose, bei Suggestion, bei der Telepathie und beim »animistischen« Tischrücken!

Wie oft kommt es vor, daß bei einer kleinen oder großen Gesellschaft einer ein bekanntes Lied vor sich hinbrummt und plötzlich ruft ein anderer: ›Aber gerade habe ich daran gedacht!‹ – Das ist unbewußte, ungewollte Telepathie, Gedankenübertragung; aber solchen unbeabsichtigten Erscheinungen soll und darf man keine besondere Beachtung schenken, sonst gerät man unfehlbar in die Netze des Okkultismus; derjenige, der ›gerade daran dachte‹, und auch der, welcher das Lied brummte, beide halten sich nun für ›sensibel‹ oder ›medial‹, es werden oft Gespräche über solche Dinge geführt, bald kommt es zu Versuchen – und der Mensch ist schon gefangen! Suggestion, Spiritismus und Hypnose sind dann oft die weiteren Entwicklungs- oder besser gesagt: Verwicklungsstufen! – Ich will und kann hier ja auch gar nicht eine ›Abhandlung‹ über diese Dinge schreiben, darum will ich nur einiges aus meinen Erlebnissen auf diesen Gebieten mitteilen.

Die telepathischen Experimente begannen mit Spielkarten; besonders beim Schwarzen-Peter-Spiel übte ich abwechselnd aktive und passive telepathische Tätigkeit aus, je nachdem ich es brauchte; von den andern zog ich die Karten, die ich brauchte, und ließ durch unausgesprochene Beeinflussung die andern die Karten ziehen, wie ich es haben wollte; bald ließen wir vom Spielen ab und die Experimente gestalteten sich ›wissenschaftlich‹. Ein ›Medium‹ wurde entdeckt; es war ein etwa 18jähriger Bursche. Er mußte nun in seinem tranceartigen Zustand, in den er sich versetzte, das tun oder denken, was ich (wieder unausgesprochen!) wollte. Später spielte ich einmal mit sechs andern ein Quartettspiel; dabei kam mir der Gedanke, da ich sonst im Spielen nie ›Glück‹ hatte, mir nun den Sieg zu verschaffen; die andern Spieler hatten von solchen Dingen keine Ahnung, was mir den ›Erfolg‹ bedeutend erleichterte; mit Ausnahme von drei Quartetten, die zwei andre Spieler gewannen, brachte ich hintereinander ohne Unterbrechung neun Quartette zusammen – alles durch angestrengte aktive und passive Telepathie; – nachher aber mußte ich ins Freie, um meinen glühendheißen Kopf im Regen abkühlen zu lassen; – aber das geheime Feuer, das in meiner Seele mit höllischer Tücke und Hinterlist dabei immer weiter um sich griff, das merkte ich damals noch nicht, das konnte auch der kühlende Regen nicht löschen; – hätte ich's doch geahnt, oder wäre ich doch gewarnt worden, was für Qualen der Hölle mir dieses geheime Feuer volle fünf Jahre hindurch bereiten, was es für schreckliche Verwüstungen anrichten würde, als es dann nach fünf Jahren wie ein Vulkan aus der verborgenen Hölle meiner Seele ausbrach!

Ja, hätte ich später gewußt, was es für mich einst bedeuten sollte, so wäre ich nicht aus dummer Neugierde in einen Experimental-Vortrag über Telepathie und Suggestion gegangen! Welch eine unbegreifliche Gnade Gottes war es doch, als er es damals dem Satan nicht zuließ, daß er mir die okkulten Kräfte der offenen Suggestion und der Hypnose zuteil werden ließ; ich wollte es zwar unbedingt erlernen, aber es gelang noch nicht – zu meinem Heil; denn wohin wäre ich gekommen, wenn ich damals, fern von Gott und dem Heiland, ganz dem Teufel in die Gewalt geraten wäre? Vielleicht wäre ich vor Menschen eine Berühmtheit geworden – aber vor Gott ewig verloren! So aber gefiel es Gott nach seiner unendlichen Geduld und Treue wohl, mir gnädig zu sein, daß er es nicht so kommen ließ. Erst ein halbes Jahr nach meiner Bekehrung zum Heiland überließ er mich auf kurze Zeit dem Einfluß des Teufels; ein ›harmloser‹ telepathischer Versuch war der Anfang; kaum fünf Minuten darauf kam die erste regelrechte Suggestion, und einige Stunden später war Massensuggestion und Hypnose nichts Außergewöhnliches mehr. Nach vier Tagen merkte ich endlich deutlich, daß ich jede Verbindung mit Gott und dem Heiland vollständig eingebüßt hatte; dagegen merkte ich, daß ich nicht durch meine eigene suggestive Kraft das alles zustande brachte, sondern daß es andere Kräfte wären, die durch mich wirkten; – was für Kräfte? Ich bekam es gründlich an

Leib und Seele zu spüren! Eine unergründliche Leere in meiner Seele, eine Unruhe und Ungewißheit über alles, dabei ein nervöses Zittern am ganzen Körper, stiere, finstere Augen, vor denen alle Angst bekamen – ja, was ich da litt!

Aber das war eben die unbeschreibliche Gnade Gottes, daß ich die Folgen so deutlich spürte, denn dadurch kam ich zur Besinnung; wäre ich schon damals vor meiner Bekehrung zu diesen Teufelsgaben gekommen, so wäre ich wohl ganz verblendet worden und zugrunde gegangen. Ich entschloß mich, im Namen Jesu mit allem Schluß zu machen, außer – und dieses ›Außer‹ hätte mich wieder beinahe das Heil der Seele, die Gesundheit und meine Existenz gekostet – mit ›wissenschaftlichen‹ Experimenten; als ich auch das verwarf, beschränkte ich mich endlich auf Experimente zu dem Zweck, um zu zeigen, daß Suggestion und Hypnose nicht verwendet werden dürfen: weder in der Erziehung noch sonstwo; aber endlich erkannte ich auch diese letzte List des Teufels und tat auch dafür Buße; ich bekannte meinem Anstaltsleiter den Bruch des unbedingten Versprechens, das ich ihm gegeben hatte, und versprach, nun vollständig mit allen ›Versuchen‹ zu brechen. Inzwischen hatte sich das Suggerieren und Hypnotisieren (was wir gar nicht als Hypnose erkannten) wie eine gefährliche Epidemie unter den Kollegen verbreitet. Es geschahen die furchtbarsten Dinge: einer fiel vor Schreck vor einem ›Nashorn‹ zu Boden und erwachte; die Folge war starkes Kopfweh und vollständige Aufnahmeunfähigkeit, die ihn einige Tage lang stark schädigte. Ein anderer konnte nicht erweckt werden; mit vieler Mühe gelang es endlich doch. – Das geschah alles in meiner Abwesenheit.

Als ich eben von meinem Bekenntnis vor dem Anstaltsleiter zurückkehrte und über seine ernsten Worte nachdachte, kam ich mitten in eine Gruppe von Gestalten, die ich in der Dunkelheit aber nicht erkennen konnte; der Zweck dieser Zusammenkunft war mir bekannt; eben war einer mit vieler Mühe und großer Nervenerregung dessen, der es endlich zuwegebrachte, erweckt worden; da rief ich in die Dunkelheit hinein: ›Wenn das nicht sofort aufhört, werde ich aus meiner Stellung entlassen!‹ und ging weiter, um in der Einsamkeit zu beten und meine Hoffnung ganz auf den Herrn zu stellen. Seit jener Stunde war von den ganzen Geschichten nichts mehr zu hören und zu sehen. Ich war gerettet; aber etwas ahnte ich nicht: daß nämlich diese schweren Sünden, in die ich da geraten war – was ich erzählte, ist ja nur ein Auszug aus diesen furchtbaren fünf Jahren meines Lebens –, und dieser Bann so lange fortwirkten, bis man alles, alles im Glauben unter das Blut Jesu Christi gestellt hat, ja, daß diese Kräfte des Bannes in Ewigkeit nicht anders gebrochen werden können. Fünfzehn Monate lang mußte ich ein elendes Glaubensleben des unruhigen Kampfes führen, bis ich endlich sagen konnte: ›Unser Glaube ist der Sieg, der die Welt überwunden hat!‹ Wo wäre ich in den letzten Tagen dieses ›Befreiungskrieges‹ hingekommen, wenn mir da nicht Gott durch seine unendliche Gnade geholfen hätte! In diesen Tagen der furchtbarsten Gottlosigkeit, obwohl ich doch bekehrt war, las ich das Buch ›Im Banne des Teufels‹ und merkte, daß ich schwer in diesem Banne sei, beugte mich unter das Gebot Gottes, tat Buße für alles, was ich als Sünde erkannte, wobei ich die Erfahrung machte: besser mehr als zu wenig, und lieferte mutig alles aus, was nur irgendwie an die üble Vergangenheit erinnerte. Ich nahm auch sogenannte ›Kleinigkeiten‹ nicht leicht; ich wußte: vor dem heiligen Gott sind auch ›Kleinigkeiten‹ Todsünden; z. B. die Angst vor der Zahl 13 oder anderer Aberglaube mit Zahlen, Tagen, Handlungen usw. (wenn sich vier Personen voneinander verabschieden, passen sie auch sehr auf, daß sie sich nicht die Hände übers Kreuz reichen!), kein abergläubischer Ausdruck darf über meine Lippen kommen, auch nicht ›scherzweise‹! Ja, ich habe es erfahren: Dem Teufel gegenüber kann man nicht rücksichtslos genug vorgehen, denn gerade durch sogenannte ›Kleinigkeiten‹ will er uns in seinem Bann festhalten: er verstellt sich nicht nur in einen Engel des Lichtes, sondern auch mit größtem Geschick in einen Zwerg!

Neben dem Kartenschlagen ist auch das Traumbuch sehr verbreitet; die Leute setzen nach den Angaben dieses Buches in der Lotterie, noch vielmehr: sie setzen in dieses Buch ihr ganzes Vertrauen; sie hängen an ihm wie an einem Götzen; sie glauben ihm auch aufs Wort, – aber den Verheißungen Gottes in der Bibel glauben sie nicht: die stiehlt ihnen der Teufel weg! – Sehr verbreitet ist hier auch das ›Pendel‹.

Wäre ich doch nicht vor sieben Jahren aus okkulter Neugierde zu jenem wissenschaftlichen Experimental-Vortrag über das »Siderische Pendel‹ gegangen! – was wäre mir da alles erspart geblieben! Es hat sehr wenig gefehlt und es wäre mir ans Leben gegangen wie so vielen Spiritisten!

Eine Dame lag schwer krank; ihr Mann und ihre zwei Kinder wohnten in einem nahen Ort; – eines Tages erschoß der Mann die zwei Kinder und sich: sie waren alle Spiritisten . . . In einem andern Ort Österreichs erschoß ein Mann seine zwei Kinder, seine Frau und sich selbst; alle waren Spiritisten. Aus seinem letzten Brief ging hervor, daß ihn ›seine Eltern zu sich gerufen‹ haben. Hätte ich nicht schon von Geburt an einen tiefen Abscheu vor dem Selbstmord, so wäre es wohl auch mir ähnlich ergangen.

Ich begann auch ›wissenschaftlich‹ und bependelte Wasser, Eisen- und Kupferstücke, Holz, Blei, Aluminium usw.; bald kamen Fotografien an die Reihe, Handschriften und Briefe, um den Charakter der betreffenden Personen zu bestimmen, und zuletzt kam auch ein Alphabet unter das Pendel. ›Wird es morgen schön sein?‹ ›Ja!‹ Das war der Anfang; an Essen und Trinken wurde nur selten und ganz unregelmäßig gedacht. Der Geist ›bekehrte‹ mich gründlich zum Katholizismus und zu einer Wallfahrt nach Mariazell, bei der sich im Laufe der Zeit nicht weniger als vier böse Geister offenbarten, gegen die ein ›Guter‹ zu kämpfen hätte; dieser ›Gute‹ nannte sich zuerst ›Heiliger Ferdinand, König von Kastilien‹, dann ›Erzengel Gabriel‹, dann ›Erdgeist‹, dann ›Christus‹ und schließlich ›Gott selbst‹.

Wie ging ich da solange in den Religionsunterricht des Teufels! Er hatte sich in einen Engel des Lichtes verstellt. Was da alles gelehrt wurde! Inkarnation und Reinkarnation, Erdgeist, Pantheismus usw.! Von der planmäßig genährten Hoffahrt, daß ich als ein ›Johannes der Täufer‹ dem wiederkehrenden Christus den Weg bereiten soll, kam ich lange Zeit nicht los! Wenn ich nun zurückblicke, muß ich sagen, die ärgste List des Teufels war aber doch die, daß er sagte, es sei das alles nur Gottes Stimme, diese ›Geister‹ gäbe es gar nicht. Endlich kamen Jahre, da ich weder dies noch das glaubte, sondern mir das ganze Gebiet des Spiritismus ›animistisch‹ erklärte; ich meinte, es seien alles nur Seelenkräfte, die durch den Trancezustand ausgelöst werden und sich durch die Phantasie der Anwesenden dann in ›Geistererscheinungen‹ umwandeln. Was war der Zweck dieser List des Teufels? Mich ja nicht zu der so wichtigen Erkenntnis kommen zu lassen, daß es Fürsten und Gewaltige der Finsternis sind, die die Menschen im

Bann halten und betrügen. Ein Pfarrer aus Berlin predigte einmal gegen den Spiritismus. Ich war damals ungeheuer aufgebracht über seine Worte und meinte: ›Er ist ja selbst ein Spiritist, wenn er wirklich meint, daß es böse Geister sind; ich glaube es nicht, darum bin ich auch kein Spiritist!‹ Was war das für ein großer Irrtum!

Nach meiner Bekehrung sah ich die Dinge anders an. Ich erfuhr inzwischen von verschiedenen Erscheinungsformen des Spiritismus, unter denen sicherlich diejenigen die gefährlichsten sind, wo ›Mitteilungen‹ durch Schreib- und Sprechmedien und durch Alphabete empfangen werden. Im Grunde ist das alles das gleiche: Betrug des Teufels, des Vaters aller Lüge! Und diese größte List, die er auch bei mir eine Zeitlang angewandt hat, verwendet er, wie ich erkannte, so oft er nur kann; er stellt sich unter eine Tarnkappe und tut so, als wäre er überhaupt nicht da; er redet seinen Opfern ein: Es gibt ja gar keine bösen Geister! Es gibt ja gar keinen Teufel!

Ja, das ist seine größte List, und der sind heutzutage viele Menschen anheimgefallen. Diese armen, betrogenen Leute sprechen dann mit großer, meist ›wissenschaftlicher‹ Überlegenheit und Sicherheit: ›Es sind keine Geister, sondern nur Seelenkräfte wie der Magnetismus, die noch nicht erforscht sind.‹

Als mir der Herr, mein Heiland, die Augen geöffnet hatte, da wurden mir diese ›noch nicht entdeckten Kräfte‹ offenbar, und da wußte ich endlich, wo der Feind ist und wer der Feind meiner Seele war, da hatte ich es endlich nicht mehr mit einem unsichtbaren Feind zu tun; da wußte ich, wem ich ›die Spitze bieten‹ – besser gesagt: ›das Kreuz bieten‹ mußte; und vor dem Kreuz und Blut Jesu mußten die finsteren Kräfte weichen – ganz ähnlich, wie in den mittelalterlichen Spukgeschichten, nur mit dem Unterschied, daß jeder, der mit dem Kreuz den Sieg gegen den Teufel erringen will, sich zuvor in Buße und Glauben unter dieses Kreuz auf Golgatha gebeugt haben muß.

Viereinhalb Jahre nach meinen ersten Spiritistentagen offenbarte sich mir Jesus als der Auferstandene; aber zu einer rechtschaffenen Buße war es damals noch nicht gekommen; auch fehlte mir jedes Verständnis für die wahre Bedeutung des Kreuzes und der ›Blutskraft, die macht frei‹, wie es in einem Lied heißt. Ich machte mir meine eigenen, menschlichen Gedanken darüber und mußte mich immer ärgern, wenn gläubige Christen von der ›Vergebung im Blut des Lammes‹ sprachen; ich hielt das für einen gefährlichen Aberglauben, wußte aber nicht, daß mir eben darum dieser wahre Glaube wie ein Aberglaube vorkam, weil ich selbst noch unter dem alten Bann des Aberglaubens und des Spiritismus stand. Ein Betrunkener sagt oft von allen andern, daß sie betrunken seien – sogar von Häusern –, aber daß *er* betrunken ist, das will er selten zugeben! So ging mir's auch.

Gerade sechs Jahre nach jenen ersten verhängnisvollen Tagen des Spiritismus hielt ich einen Vortrag gegen den Spiritismus und am Tage darauf eine lange Diskussion darüber, wobei ich bereits aus voller Überzeugung alles als ein Werk des Teufels bezeichnete und auf Grund meiner eigenen Erlebnisse klarzulegen versuchte, wie sich die Mächte der Finsternis in Engel des Lichtes verstellen. Aber das Wichtigste fehlte an diesen zwei Abenden: ich war selbst noch nicht frei von dem alten Bann; ich wußte nicht, daß dieser Bann auch sechs Jahre lang dauern könnte; ich wußte nicht die ganze Sündhaftigkeit zu erkennen. Gerade zu der Zeit begann der Herr bereits sein Befreiungswerk an mir vorzubereiten. Ein Kollege hatte von einem Kolporteur das Buch ›Im Banne des Teufels‹ gekauft und zeigte es mir; ich las flüchtig einige Seiten und war sofort davon überzeugt, daß ich mir dieses Buch bestellen müßte, was ich auch bald darauf tat. Doch seit diesem Tag stimmte es in meinem Innenleben gar nicht mehr; früher hatte ich selten recht gesammelt und von Herzen beten können; nun war es mir unmöglich. Ich tröstete mich mit dem Vers: ›Wenn ich auch gleich nichts fühle von deiner Macht, du führst mich doch zum Ziele, auch durch die Nacht.‹

Das Buch kam – und nun ging es erst recht los: ganz systematisch wollte der Teufel meine Seelenkräfte zerrütten. Jeden zweiten Tag brachte er mich in einen Zustand, der der schlimmsten Zeiten vor meiner Bekehrung spottete: die reinste Hölle war das. Kaum erholte ich mich wieder einen Tag und konnte hoffend und vertrauend zu Gott aufblicken – da war am Tag darauf schon wieder die Macht der Hölle los. Endlich vermochte ich es, den Entschluß, das Buch ›Im Banne des Teufels‹ zu lesen, in die Tat umzusetzen. Ich kam mir nun vor wie der verlorene Sohn und war ganz gedemütigt. Da fügte es Gott, daß ich eine Predigt über den verlorenen Sohn hörte; wieder wagte ich zu hoffen; ich hoffte – auf die Barmherzigkeit Gottes, aber wie ich sie mir zurechtgelegt hatte. Wohl wagte ich es nicht mehr, den Glauben an das Kreuz Christi und an sein Blut, für unsere Sünden vergossen, als ›Aberglauben‹ zu bezeichnen, aber doch waren mir die Augen noch gehalten: Der Satan, der oberste aller Hypnotiseure, hatte mir geboten: ›Schließ die Augen! – Jetzt kannst du die Augen nicht mehr aufmachen!‹, und ich konnte nicht, so gern ich auch gewollt hätte. Ich sehnte mich schon nach dem letzten Kapitel: ›Wie komme ich los?‹, denn ich erkannte es ganz deutlich, daß alle die vielen inneren Kämpfe und

Zweifel seit meiner Bekehrung darin ihre Ursache haben, daß ich eben unter dem Bann des Teufels stand.

Nach einer dreistündigen Bekenntnisaussprache, die der Teufel auch auf alle mögliche Weise verhindern wollte, las ich dann das Buch zu Ende; dann lag ich noch bis drei Uhr früh betend im Bett, und obwohl es äußerlich dunkel war, wurde es doch in mir immer heller. Ich hatte mein ganzes Vertrauen auf die Kraft des Blutes Jesu gesetzt. Wohl war mir alles noch ein Rätsel, aber ich merkte an der befreienden Wirkung bald die wunderbare Wirklichkeit. Im Lauf des nächsten Tages, ein neues Jahr hatte gerade begonnen, verbrannte ich nun rücksichtslos alles, was mit der teuflischen Vergangenheit zusammenhing, und ganz im gleichen Verhältnis, wie diese Überreste an Zahl abnahmen, nahm in meiner Seele die Gewißheit und die Klarheit und die Erkenntnis meines Heils wunderbar zu! Aus den Erzählungen über meine ›Erlebnisse im Spiritismus‹, die ich früher geschrieben hatte, machte ich mir kurze Auszüge, um nicht alles der genauen Erinnerung zu entreißen, doch durch fortlaufende innere Unruhen und Gebetsstörungen kam ich immer wieder zu dem Entschluß, noch etwas dem Feuer zu übergeben.

Wieviel List hat auch jetzt noch der Teufel darangesetzt, aber ›das Blut und der Geist Jesu befreiten mich ohne Selbstkampf von schwerer Gebundenheit, gegen die ich so lange ohne Erfolg gekämpft hatte‹. Nun brauche ich mich nicht mehr zu ärgern, wenn ich von der Vergebung im Blute des Lammes höre oder lese. So ist dieses Jahr aus Gnaden meines Herrn und Heilandes ein rechtes ›Jubeljahr‹ geworden: mag nun kommen, was da will, – wenn ich nur in meinem Heiland geborgen bin!«

Mir wäre es eine große Freude, wenn durch die Mithilfe

dieses Buches es noch vielen Menschen gelingen könnte, durchzudringen durch den Bann bis zum Kreuz hin! –

Ich schließe mit dem Loblied von Dora Rappard auf die Macht und Gnade des Herrn:

»Großer Immanuel, Siegesfürst, Lebensquell, mächtigster Held! Nichts bin ich ohne dich, darum erhöre mich, schütze mich gnädiglich vor Sünd' und Welt!

Satan begehret mein, will in mein Herz hinein, mich von dir zieh'n; wenn aber du, Herr Christ, mir nur zur Seite bist, hilft ihm all seine List nichts; er muß doch flieh'n

Bleib' ich nur dir, o Herr, für mich Gekreuzigter, ewiglich treu; halt' ich nur unverwandt bis an des Grabes Rand deine durchbohrte Hand, dann bin ich frei.

Frei von der Sünde Last, die du getragen hast, los aller Pein! Frei dann vom eitlen Sinn, wall' ich zur Heimat hin, Sterben ist mein Gewinn, denn du bist mein.«

In der TELOS-Taschenbuchreihe erscheinen folgende Titel